Pedro Calderón de la Barca

No hay cosa como el callar

Barcelona **2024**
Linkgua-ediciones.com

Créditos

Título original: No hay cosa como el callar.

© 2024, Red ediciones S.L.

e-mail: info@Linkgua-ediciones.com

Diseño de cubierta: Michel Mallard.

ISBN tapa dura: 978-84-1126-320-7.
ISBN rústica: 978-84-9953-357-5.
ISBN ebook: 978-84-9953-356-8.

Cualquier forma de reproducción, distribución, comunicación pública o transformación de esta obra solo puede ser realizada con la autorización de sus titulares, salvo excepción prevista por la ley. Diríjase a CEDRO (Centro Español de Derechos Reprográficos, www.cedro.org) si necesita fotocopiar, escanear o hacer copias digitales de algún fragmento de esta obra.

Sumario

Créditos ___ 4

Brevísima presentación ___ 7
   La vida ___ 7

Personajes ___ 8

Jornada primera ___ 9

Jornada segunda ___ 59

Jornada tercera ___ 107

Libros a la carta ___ 161

Brevísima presentación

La vida

Pedro Calderón de la Barca (Madrid, 1600-Madrid, 1681). España. Su padre era noble y escribano en el consejo de hacienda del rey. Se educó en el colegio imperial de los jesuitas y más tarde entró en las universidades de Alcalá y Salamanca, aunque no se sabe si llegó a graduarse. Tuvo una juventud turbulenta. Incluso se le acusa de la muerte de algunos de sus enemigos. En 1621 se negó a ser sacerdote, y poco después, en 1623, empezó a escribir y estrenar obras de teatro. Escribió más de ciento veinte, otra docena larga en colaboración y alrededor de setenta autos sacramentales. Sus primeros estrenos fueron en corrales.

Entre 1635 y 1637, Calderón de la Barca fue nombrado caballero de la Orden de Santiago. Por entonces publicó veinticuatro comedias en dos volúmenes y La vida es sueño (1636), su obra más célebre. En la década siguiente vivió en Cataluña y, entre 1640 y 1642, combatió con las tropas castellanas. Sin embargo, su salud se quebrantó y abandonó la vida militar. Entre 1647 y 1649 la muerte de la reina y después la del príncipe heredero provocaron el cierre de los teatros, por lo que Calderón tuvo que limitarse a escribir autos sacramentales.

Calderón murió mientras trabajaba en una comedia dedicada a la reina María Luisa, mujer de Carlos II el Hechizado. Su hermano José, hombre pendenciero, fue uno de sus editores más fieles.

Personajes

Don Juan.
Álvarez, escudero.
Barzoque, gracioso.
Don Pedro.
Doña Marcela.
Don Diego.
Inés, criada.
Enrique, criado.
Doña Leonor.
Don Luis.
Juana, criada.
Celio, criado.
Acompañamiento.

Jornada primera

La escena, en Madrid y en un camino.

[Calle.]

Salen Don Juan, con hábito de Santiago, en la capa y con venera, vestido de negro, y Barzoque de camino.

Barzoque	Señor, ¿qué melancolía
	o qué suspensión es esta
	con que te hallo? ¿Tú tienes
	sentimientos, ni tristezas?
	¿Tú suspiras? Ahora digo 5
	que hace bien el que se ausenta,
	que halla muchas novedades
	en pocos días de ausencia.
	¿Qué es esto, señor?
Don Juan	No sé,
	y la causa de mi pena 10
	es no saber quién la causa.
Barzoque	¿Pues cómo?
Don Juan	Desta manera.
	Después que fuiste, Barzoque,
	a hacer unas diligencias,
	a que te envió mi padre, 15
	de cobranzas de su hacienda,
	tan troncado me hallaras,
	que de toda la soberbia
	con que de Venus y Amor
	traté los rayos y flechas, 20

aun las ruinas no han quedado;
porque postrada y deshecha,
de una y otra tiranía
solo en mí quedó por seña
el padrón, que dice: «Así 25
Amor y Venus se vengan.»
Oyendo en San Jorge misa
el pasado día de fiesta,
vi una mujer... Dije mal,
vi una deidad lisonjera, 30
tan hermosa, que no hizo
cosa la Naturaleza
en tantos estudios docta,
sabia en tantas experiencias,
con más perfección; parece 35
que quiso esmerarse en ella
su inmenso poder, sacando
del ejemplar de su idea
logrado todo el concepto,
como en desengaño o muestra 40
de que ella mesma tal vez
sabe excederse a sí mesma.
Todas cuantas hermosuras,
o nuestra vista celebra,
o nuestro gusto apetece, 45
fueron borradores désta
porque así como un ingenio
cuidadoso se desvela,
cuando a públicas censuras
dar algún estudio piensa, 50
que hecho fiscal de sí mismo,
un pliego rasga, otro quema,
y mal contento de todo,
esto borra, aquello enmienda,

	hasta que ya satisfecho	55
	del cuidado que le cuesta,	
	da el borrador al traslado,	
	y da el traslado a la imprenta;	
	la Naturaleza así,	
	viendo las varias bellezas	60
	que hasta entonces hizo, todas	
	las enmendó sabia y diestra,	
	borrando désta el defecto,	
	y la imperfeción de aquélla,	
	hasta que en limpio sacó	65
	una hermosura tan bella,	
	que más que todas divina	
	y más que todas perfecta,	
	fue una impresión sin errata	
	y un traslado sin enmienda.	70
Barzoque	Bastante hipérbole ha sido;	
	pero aunque más la encarezcas,	
	hasta ahora no me has dado	
	ninguna gana de verla.	
Don Juan	¿Por qué?	
Barzoque	Porque tú conmigo	75
	tienes en esta materia	
	perdido el crédito.	
Don Juan	¿Cómo?	
Barzoque	Como en siendo cara nueva,	
	siempre es superior; que en ti	
	la mejor es la postrera.	80

Don Juan	Yo te confieso que he sido	
	tan señor de mis potencias,	
	de mi albedrío tan dueño,	
	que no hay mujer que me deba	
	cuidado de cuatro días;	85
	porque burlándome dellas,	
	la que a mí me dura más,	
	es la que menos me cuesta.	
	Pero no hay regla, Barzoque,	
	tan general, que no tenga	90
	excepción; y esta mujer	
	que digo, temo que sea	
	desta regla la excepción.	
Barzoque	Dime ya quién es.	
Don Juan	Aquesa	
	es mi pena, que no pude	95
	saberlo.	
Barzoque	¿No la siguieras?	
	No estaba yo aquí, que a fe	
	que al instante te trajera	
	sabido, no solo el nombre,	
	la calidad y la hacienda,	100
	pero la fe del bautismo.	
Don Juan	No quedó por diligencia.	
Barzoque	Pues ¿por qué?	
Don Juan	Por un acaso.	
Barzoque	¿Y qué fue?	

Don Juan	Yendo tras ella,
	con deseo de saber 105
	su casa, al tomar la vuelta
	que hace la calle del Prado,
	vi trabada una pendencia.
	Eran tres hombres a uno,
	que con brío y con destreza 110
	de los tres se defendía,
	Si para tres hay defensa.
	No dudo que le mataran,
	aunque tan valiente era
	si yo, cumpliendo animoso 115
	de mi obligación la deuda,
	no me pusiera a su lado.
	Viose socorrido apenas,
	cuando con mayor esfuerzo
	los embistió de manera, 120
	que dio con uno en el suelo.
	Llegó gente, fuele fuerza
	retirarse, y yo con él,
	hasta dejarle en la iglesia;
	de suerte que, por dar vida 125
	a otro, quedé yo sin ella,
	pues no seguí a la mujer.
Barzoque	Y el caballero, ¿quién era?
Don Juan	Tampoco le conocí;
	que aunque dello me dio muestras 130
	de agradecido, al instante
	hice de la calle ausencia,
	por no hacerme yo en la herida
	cómplice.

Barzoque	¡Prevención cuerda!	135
	Y volviendo a la mujer,	
	me he holgado saber que sea	
	principio de amor tan tibio	
	la causa de tu tristeza.	
Don Juan	¿Por qué?	
Barzoque	Porque tú sabrás	
	divertirla, pues apenas	140
	habrás visto otra mañana,	
	cuando no te acuerdes désa.	
Don Juan	Podrá ser; pero yo dudo	
	que haya cosa que divierta	
	afecto tan poderoso,	145
	tan rigurosa violencia,	
	como ahora siento en el alma.	
Barzoque	¿Solo una vez que se deja	
	ver una hermosura, puede	
	enamorar con tal fuerza?	150
Don Juan	La muerte da un basilisco	
	de sola una vez que vea;	
	la víbora da la muerte	
	de una sola vez que muerda;	
	la espada quita la vida	155
	de sola una vez que hiera,	
	y de una vez sola el rayo	
	mata aun antes que se sienta.	
	Luego, siendo basilisco	
	amor, víbora sangrienta,	160

	blanca espada y vivo rayo,	
	bien puede dar muerte fiera	
	de una sola vez que mire,	
	de una vez que haga la presa,	
	de una vez que se desnude	165
	y de una vez que se encienda.	
Barzoque	Y Marcela, a todo esto,	
	¿qué dice, señor?	
Don Juan	Marcela	
	es dama de cada día:	
	ni entra ni sale en la cuenta.	170
	Todo ocioso cortesano,	
	dice un adagio, que tenga	
	una dama de respeto,	
	que sin estorbar, divierta;	
	y ésta se llama la fija,	175
	por que a todas horas sea	
	quien de las otras errantes	
	pague las impertinencias.	
Barzoque	¡Bueno es esto, para estar	
	ella tan vana, que piensa	180
	que no hay hombre hoy en el mundo	
	más enamorado!	
Don Juan	Esa	
	la maña es, que ella lo piense,	
	y que a mí no me acontezca.	
	Y por que mejor lo digas,	185
	sabe que, como me es fuerza,	
	por haber sido Soldado	
	(pues con el Duque de Lerma	

                            a Italia pasé y a Flandes),
                            ir a esta jornada, ella,   190
                            muy dama, por hacer todas
                            las caravanas de ausencia,
                            esta venera me ha dado
                            para que memoria tenga
                            y dentro un retrato suyo.   195

Barzoque   Dame para reír licencia.

Don Juan   Pues ¿de qué te has de reír?

Barzoque   De que las Marcelas tengan
                            vanidad de retratadas.
                            ¿Qué deja, señor, qué deja   200
                            a una Infanta de Catay,
                            tratada casar en Persia?
                            Mas ¿dónde vamos ahora?

Don Juan   A hacer una diligencia
                            perdida, por ver si puedo   205
                            saber quién la dama sea.

Barzoque   ¿Cuál es?

Don Juan   Ir al puesto mismo
                            donde la vi la primera
                            vez, por si por dicha hoy,
                            que también es día de fiesta,   210
                            vuelve a él; que yo no dudo
                            que vive por aquí cerca.

Barzoque   ¿De qué lo infieres?

Don Juan	De que una mujer como aquélla, a pie no fuera muy lejos.	215
Barzoque	Si en este barrio viviera, donde vivimos nosotros, ¿no era fuerza conocerla?	
Don Juan	No, que puede haber muy poca que a él se haya mudado; fuera de que aquí nada se sabe.	220
Barzoque	Dices bien, si consideras que en Madrid partos y medos viven una casa mesma, sin saber unos de otros.	225

(Salen al paño por la puerta de mano izquierda Marcela e Inés.)

\Marcela	Tápate, por que no pueda conocernos.	
Inés	No podrá, aunque nos hable y nos vea.	
Marcela	Es tal su divertimiento estos días, que me fuerza a seguirle, por saber dónde sale y dónde entra.	230
Inés	A la puerta de San Jorge se ha parado.	
Marcela	Pues en esta	

	deste portal nos entremos nosotras.	235
[Éntranse.]		
Don Juan	Barzoque, espera, no entres en la iglesia.	
Barzoque	¿Estoy yo excomulgado?	
Inés	Él se acerca. ¿Si nos conoció?	
Marcela	No sé. Ponte detrás desta puerta, por si no nos vio.	240
Don Juan	A este umbral nos paremos.	
Barzoque	Pues ¿qué intentas?	
Don Juan	He visto, si no me engañan los delirios de mi idea, todo el Sol cifrado a un rayo, y todo el cielo a una esfera. Aquella que sale (¡ay cielos!) del templo ahora, es la mesma que vi; repetido el daño, no es posible que me mienta. Y para que no repare alguien que vamos tras ella, dejándola antes pasar,	245

250 |

                        es mejor que no nos vea.

[Éntranse en otro portal Don Juan y Barzoque.]

Marcela   Inés, ¿oístelo?

Inés   Sí.   255

Marcela   No fue vana mi sospecha.

(Salen Leonor, dama; Juana, criada, y Álvarez, escudero.)

Leonor   Álvarez.

Álvarez   Señora.

Leonor   Haced
                 traer la silla.
Álvarez,   Voy por ella.

Juana   Para ir a casa, ¿has mandado,
                 señora, estando tan cerca,   260
                 traer silla?

Leonor   No voy a casa,
                 Juana, ahora; que aunque sea
                 contra el gusto de mi hermano
                 tomarme aquesta licencia,
                 a verle a su retraimiento
                 voy; tú da a casa la vuelta.   265

Álvarez   Ya está aquí la silla.

Leonor   Abridla.

19

Barzoque [A su amo.] En una silla se entra.

Leonor [Para sí.]   Amor y honor ¿qué queréis?
                    Dejadme, que ya estoy muerta,   270
                    pues de mi amante y mi hermano
                    lloro a un tiempo dos ausencias.

[Vanse Leonor, Juana y Álvarez.]

(Sale Don Juan al tablado, y las dos [Marcela e Inés] tras él.)

Don Juan   ¿No es, Barzoque, más hermosa
                    que yo supe encarecerla?

Barzoque   Las cosas que no me tañen,
                    nunca me detengo en verlas.   275
                    Déjeme ver la criada.
                    Vaya. ni es mala, ni buena:
                    mediocre es.

Don Juan   Dicha he tenido.

Barzoque   ¿Qué aguardas? Vamos tras ella,
                    no haya otra pendencia antes   280
                    de saber su casa.

Don Juan   Es fuerza
                    que imán de rayos, tras sí
                    arrebatado me lleva,
                    girasol de su hermosura.   285

(Al irse a entrar, le detiene Marcela.)

Marcela	Pues vuesarced se detenga; que el girasol, con la vista sola sigue la belleza del Sol; pero no se mueve.	
Don Juan (Aparte.)	¡Vive el Cielo, que es Marcela!	290
Barzoque (Aparte.)	¿No lo dije yo? Peor es esto que la pendencia.	
Don Juan	Marcela, pues ¿qué venida por estos barrios es ésta?	
Marcela	Es venir a averiguar la causa de las tristezas destos días, y hela hallado a precio de una experiencia.	295
Don Juan	Huélgome, porque hasta ahora yo no he sabido cuál sea, y diciéndomela tú, será más fácil vencerla.	300
Marcela	Pues si no lo sabes, es, Don Juan, para que lo sepas, haber visto el Sol cifrado a un rayo, el cielo a una esfera.	305
Barzoque (Aparte.)	¡Muertos somos si oyó aquello del retrato y la venera!	
Don Juan	Barzoque, mira si dije yo bien. ¡Que seas tan necia, que no eches de ver que había	310

| | conocídote, y que a esta
puerta me puse a hablar eso,
en venganza de que vengas
siguiendo en aquese traje   315
mis pasos! |

Barzoque   Y por más señas
del haberos conocido,
desde que entrasteis en esta
calle, vinisteis andando
hasta aquí.

Marcela   ¿Hay tal desvergüenza?   320
Pues tú, pícaro, ¿también
te burlas de mí?

Don Juan   No seas
terrible, que por tu vida...

Marcela   Di la tuya.

Don Juan   ¿No es la mesma?
Que te había conocido.   325

Marcela   ¡No está mala la deshecha!

Don Juan   En tanto, Barzoque, que
yo desenojo a Marcela,
ve a ver si hallas a aquel hombre
que ha de aceptar esa letra.   330

Barzoque   Yo voy.

Marcela   No quiero que vayas.

Don Juan	Importa la diligencia.
Marcela	No le dejes ir, Inés.
Inés	Yo le tendré. Infame, espera. ¿Y aquello de lo mediocre, 335 y no ser mala ni buena la criada?
Barzoque	Todo eso ¿en la disculpa no entra? Por tu vida, que es la mía (así en mal fuego la vea 340 arder), que te conocí.
Marcela	Don Juan, aunque más pretendas persuadirme, es imposible: yo sé bien que las tibiezas destos días han nacido 345 de nueva pasión, que fuerza tu voluntad a que faltes a tantas nobles finezas como me debes.
Don Juan	No sé que haya razones que puedan 350 satisfacerte; y es cosa muy temeraria que quieras hacer verdad tu mentira a costa de mi paciencia.
Marcela	¿Que es mi mentira verdad? 355 Si es la que miente tu lengua.

Don Juan	Mira que estás en la calle,
	no des voces. Esas quejas
	suenan en casa mejor;
	vete por tu vida a ella, 360
	que yo voy tras ti.
Marcela	Si es
	despedirme con tal priesa
	por ir siguiendo el imán
	que arrebatado te lleva,
	vete, vete; que no quiero 365
	que imagines ni que entiendas
	que he de sentir el desaire.
Barzoque	[Aparte, a Don Juan] Cuidado con la venera
	que éste es paso de pedirla.
Don Juan	Pues como tú no lo sientas, 370
	yo me iré; no porque tengo
	que seguir, mas porque veas
	que no he de sentir el tuyo
	tampoco yo.
Marcela	Pues espera,
	que por sí o por no, no quiero 375
	que por ahí te vayas.
Don Juan	Suelta,
	Marcela.
Marcela	Ingrato...

(Sale Don Pedro.)

Don Pedro	Don Juan.	
Don Juan	Señor.	
Don Pedro	Pídele licencia a esa dama, porque importa el que conmigo te vengas.	380
Marcela [Aparte, a Don Juan.] (Aparte.)	Ya, sin pedirla, la tiene En tu vida no me veas, ni me hables. Vamos, Inés. De rabia y celos voy muerta.	

(Vanse.)

Don Juan	¡Qué buena ocasión perdí!	385
Barzoque	Pues ¿qué importa que se pierda, como no se haya perdido el oro de la venera?	
Don Juan	¿Qué es, señor, lo que me mandas?	
Don Pedro	Aunque reñirte pudiera haberte hallado, Don Juan, sin recato ni prudencia hablando en la calle a voces, lo que te quiero es que sepas que ya el señor Almirante partió a Vizcaya, y es fuerza que salgas hoy de Madrid, y aun por la posta, quisiera, porque en el sitio te halle,	390 395

                cuando llegue, Su Excelencia. 400
Lo que había detenido
tu partida solo era
esperar a que Barzoque
viniese; ya está la letra
socorrida, nada falta; 405
y así a toda diligencia
es menester salir hoy;
que no es justo, estando puesta
pena de traidor a quien,
habiendo servido, deja 410
de salir, que comprendido
tú en el bando, te detengas
ni un instante.

Don Juan   Ya tú sabes
cuánto estoy a tu obediencia
sujeto siempre; y aunque 415
te parece que me encuentras
mal divertido, una cosa
son cortesanas licencias
y otra obligaciones justas.

Don Pedro   ¡Cuánto estimo esa respuesta! 420
Vente, pues, conmigo, donde
una cantidad me truecan
de dinero, porque tú
lo recibas. Las maletas
puedes poner tú entretanto, 425
Barzoque.

Barzoque   Voy a ponerlas.

Don Juan   Pues si vas a casa, toma:

	estos papeles te lleva,	
	que son los de mis servicios	
	(que por descuido o pereza,	430
	desde que fui a registrarme,	
	andan en la faldriquera),	
	y ponlos entre la ropa.	
Barzoque	Harélo como lo ordenas.	

(Vase.)

Don Pedro	Ven, Don Juan, porque a vestirte	435
	luego de camino vuelvas.	
Don Juan	[Aparte] Ignorado amor, perdona	
	si antes de saber quién seas,	
	me ausento de ti; que no	
	será tu olvido mi ausencia.	440

(Vanse.)

[Sala en casa de un embajador.]

(Salen Don Diego y Enrique, criado.)

Enrique	Si desa manera das	
	lugar a tu pensamiento,	
	aunque quieras no podrás	
	pararle; que el sentimiento	
	discurriendo crece más.	445
Don Diego	El más recibido error	
	que hay en el mundo, en rigor,	
	ser ese consuelo suele,	

	que es decir a quien le duele	
	que no piense en su dolor.	450
	No es lo más que yo he sentido,	
	pues suya la culpa fue,	
	el haber a un hombre herido,	
	ni que él de peligro esté,	
	estando yo retraído;	455
	pues con ausentarme, hallado	
	estaba el medio al cuidado.	
	Mi pena es más inhumana:	
	tener, Enrique, una hermana	
	moza, hermosa y sin estado.	460
	Ésta es toda mi pasión,	
	que no, Enrique, la ocasión	
	que en este trance me ha puesto.	
Enrique	Yo espero en Dios que muy presto	
	mejore tu confusión,	465
	que ese hombre sanará,	
	con que muy fácil será	
	las amistades hacer.	
Don Diego	Don Luis se ofreció a saber	
	qué declaró y cómo está;	470
	mas como anda de partida,	
	lugar quizá no ha tenido:	
	con que mi pena atrevida	
	hoy me tiene suspendido	
	entre su muerte y su vida,	475
Enrique	Don Luis es tu amigo; espera	
	en su amistad verdadera	
	que aunque de partida está,	
	con la respuesta vendrá.	

Don Diego	En esa sala de afuera	480
	ruido siento; sal a ver,	
	Enrique, quién puede ser.	
Enrique	Ya serán intentos vanos;	
	que de una silla de manos	
	ha salido una mujer	485
	tapada, y entra hasta aquí.	
Don Diego	¡Qué es lo que mis ojos ven!	
	¿Mujer a buscarme a mí?	

(Sale Leonor.)

Leonor	Y mujer que os quiere bien.	
Don Diego	¡Leonor, hermana! ¿Tú así	490
	vienes? Pues no te he rogado,	
	en papeles que he enviado,	
	que esta fineza no hicieses,	
	ni a verme, Leonor, vinieses?	
Leonor	¿Cuándo obedeció el cuidado,	495
	y más cuidado de amor?	
	Y viniendo desta suerte,	
	¿qué importa?	
Don Diego	Nada, en rigor,	
	más de poder alguien verte	
	en casa de un embajador;	500
	y no sabiendo que he sido	
	yo el que a ver hayas venido	

Leonor	De todo estoy avisada,	
	y en una silla y tapada	
	nadie me habrá conocido.	505
	¿Cómo estás?	
Don Diego	¿Cómo he de estar?	
	Con mil cuidados, Leonor,	
	que tras sí trae un pesar.	
Leonor	Ya sucedió, ya es error	
	que en él me quieras hablar,	510
	aunque vengo a hablar yo en él,	
	no fiando mi pasión	
	a un papel; porque el más fiel	
	es, en efecto, un papel,	
	que habla sin alma ni acción;	515
	y así, a la voz se remita	
	lo que mi amor solicita.	
	Una merced a pedirte	
	vengo, que no ha de salirte	
	muy de balde la visita.	520
Don Diego	Pues ¿qué me quieres?	
Leonor	He oído	
	que ese hombre que has herido	
	hoy muy de peligro está:	
	fuerza ausentarte será;	
	y así, lo que yo te pido	525
	es que de toda mi hacienda	
	te socorras, o se venda,	
	o se abrase, porque no	
	te vea en una cárcel yo.	
	Y porque mejor se entienda	530

	el fin de mi pensamiento,	
	es pedirte que te alejes,	
	con ser lo que yo más siento,	
	y solamente me dejes	
	con que viva en un convento.	535
Don Diego	Sabe Dios que no he tenido,	
	Leonor, cuidado mayor	
	que tú en lo que ha sucedido;	
	pero oyéndote, Leonor,	
	mi mayor consuelo has sido.	540
	Mira tú dónde estarás	
	más a tu gusto y mejor;	
	porque yo no quiero más	
	hacienda, vida ni honor	
	que saber que quedarás	545
	en un convento sin mí,	
	ya que tan infeliz fui	
	en lo que me sucedió.	
	Pero, vive Dios, que no	
	lo pude excusar, pues vi	550
	que por muy leve porfía	
	que jugando había tenido	
	con un hombre el mismo día,	
	siguiéndome había venido	
	con otros en compañía.	555
	Pareme, y cuando llegaron,	
	tres las espadas sacaron:	
	saqué la mía. No sé	
	cómo tal mi dicha fue,	
	Leonor, que no me mataron;	560
	y no dudo que logrado	
	su intento hubieran, primero	
	que yo me hubiera librado,	

si a este tiempo un caballero
no se pusiera a mi lado. 565
Jamás, hermana, sospecho
que vi igual valor. ¡Qué airoso,
qué en sí, de sí satisfecho,
desempeñó generoso
la roja insignia del pecho! 570
Yo, cuando me vi valido,
con aquel que había reñido
cerré sin ningún recelo,
y di con él en el suelo.
Llegando más gente al ruido, 575
me entré en San Jorge, amparado
siempre de aquel caballero,
que nunca dejó mi lado,
hasta que dijo: «No quiero,
pues vos estáis ya en sagrado, 580
hacerme cómplice yo;
adiós quedad.» Y salió
de la iglesia. Agradecido
al socorro recibido,
saber quise el nombre, y no 585
pude, porque llegó en esto
Justicia. Queriendo entrar,
cerraron las puertas presto;
y yo, por no me quedar
a alguna violencia expuesto, 590
no quise parar allí;
y así a la noche salí,
y vine donde ahora estoy
con tantas desdichas hoy,
que...

Enrique　　　　　Don Luis entra hasta aquí. 595

Don Diego	Tápate, Leonor, la cara, no te vea.

(Vase Enrique. Sale Don Luis, de camino.)

Don Luis	Si pensara	
	hallaros entretenido,	
	tan necio y inadvertido,	
	antes de llamar, no entrara.	600
	A daros cuenta venía	
	de lo que vos me mandáis;	
	pero necedad sería	
	divertiros, cuando estáis	
	con tan buena compañía.	605
	Pésame de que no sé	
	si dar la vuelta podré;	
	que puesta a caballo ya	
	está la gente que va	
	conmigo; solo os diré	610
	que con el herido he estado,	
	y que está mucho mejor;	
	que el escribano, obligado	
	de mí también, me ha enseñado	
	la causa...	

(Sale Enrique.)

Enrique	El embajador	615
	mismo a la puerta llegó	
	deste cuarto preguntando	
	por ti.	
Don Diego	Pues justo es que no	

                vea mujer aquí cuando
                tal merced me hace; así, yo   620
                a ver qué manda saldré
                a esotra pieza. No os vais,
                Don Luis, amigo, sin que
                todo aqueso me digáis.

Don Luis   Vamos los dos.

Don Diego   ¿Para qué?   625
                Si él quiere hablarme, es error.
                Aquí os estad.

Enrique   Ya él te espera.

Don Diego   [Aparte a ella.] Agradecedme el favor.
                Y de ninguna manera
                tú te descubras, Leonor.   630

(Vanse Don Diego y Enrique.)

Leonor   [Aparte] A obedecer no me obligo
                el precepto que me das
                [Alto.] ¿No habláis más que eso conmigo?

Don Luis   Nunca yo suelo hablar más
                con la dama de mi amigo.   635

Leonor   Es muy justo proceder,
                muy conforme a vuestra fama;
                pero hablad, llegando a ver
                que no solo soy su dama,
                pero no lo puedo ser.   640

(Descúbrese. Todo esto lo dice con prisa, mirando adentro.)

Don Luis	Señora, mi bien, Leonor,
	contigo sí; que mi amor
	tan digno es como tú sabes,
	y es fuerza que más le alabes
	de fino que de traidor. 645
	Parecerá error, primero
	guardar a tu amor decoro
	que a su honor; no así lo infiero
	del fin con que yo te quiero,
	y la fe con que te adoro. 650
	pues no haber hasta ahora dado
	parte de nuestro deseo
	a Don Diego, lo ha causado
	no ser dueño de un honrado
	mayorazgo que pleiteo. 655
	Con que la disculpa es llana;
	pues si se atiene al efecto,
	no ha sido intención villana
	el hablar con más respeto
	a su dama que a su hermana. 660
Leonor	¿Ya en fin de camino estás?
Don Luis	Sí, pues tú ocasión me das.
Leonor	¿Acaso te he dicho yo,
	Don Luis, que te asustes?
Don Luis	No;
	pero eso me obliga más.
Leonor	¿Cómo así?

| Don Luis | Como mi amor, | 665 |

atento solo a quererte,
se ha valido del honor;
porque para merecerte
no hallo tercero mejor. 670
Él es el que me ha mandado
que acuda a la obligación
de caballero y Soldado;
que al fin, servicios de honrado,
méritos de amante son. 675
Mal sin opinión pudiera
servirte yo.

| Leonor | Dices bien; |

pero yo, Don Luis, quisiera
que esa fineza también
menos a mi costa fuera. 680
Y por no gastar en vano
este pequeño lugar
(pues, aunque te estimo, es llano
que en mi casa no has de entrar
no estando en ella mi hermano), 685
solo decirte es mi intento
que tal fe mi pecho encierra,
que cuando, al honor atento,
tú, Don Luis, vas a la guerra,
yo me quedo en un convento. 690
Solo tú la causa ha sido
con que a pedirlo he venido;
y puesto que a mi tristeza
tú debes esta fineza
más que al lance sucedido 695
a mi hermano en la pendencia

	de que el mismo amor es juez, haya igual correspondencia: vuelva siquiera una vez por su opinión el ausencia.	700
Don Luis	Yo haré que el mundo repare que hay ausencia que se ampare de olvido en mi retraída, pues Dios me quite la vida el día que te olvidare.	705
Leonor	La misma palabra dió mi fe; y si tan grande dicha no la mereciera yo...	
Don Luis	¿Qué?	
Leonor	Será por mi desdicha, pero por mi culpa no.	710

(Sale Don Diego.)

| Don Diego | Venía el embajador
a decirme que ha tenido
un papel de un gran señor,
que siempre ha favorecido
mis fortunas su valor,
en quien le dice quién soy
y cómo en su casa estoy,
que me favorezca; y él,
a su obligación fiel,
vino a ofrecérseme hoy.
Esto es lo que me ha querido.
Decid, vos, ¿qué habéis sabido | 715

720 |

37

                    de mis desdichas?

Don Luis   Hablé
            a un amigo, que lo fue
            también de ese hidalgo herido;   725
            y acompañándole yo,
            a su casa me llevó.
            Vile en extremo alentado.
            Después, habiendo buscado
            al escribano, me dió   730
            la causa; y en conclusión,
            calla en su declaración
            quien le hirió, diciendo que
            sobre el encontrarse fue
            muy acaso la cuestión.   735
            Con esto, Don Diego, adiós,
            y creed que, aunque me alejo,
            el amistad de los dos
            es tal, que al dejaros dejo
            mi vida y alma con vos.   740

(Vase.)

Don Diego   ¡Qué amigo tan verdadero!

Leonor   Bien lo muestra su fineza.

Don Diego   Leonor, pues que considero
                mejorada mi tristeza,
                que no hagas novedad quiero.   745

Leonor   Yo no tengo voluntad.
(Aparte.)   ¡Oh, si esto fuera verdad!

Don Diego	Yo te lo estimo y ahora
	vete, hermana, que ya es hora;
	prevenirte es necedad 750
	de que con recato estés;
	que las ventanas y puertas
	a todas horas...
Leonor	No es
	menester que tú me adviertas;
	que soy quien soy. Dame, pues, 755
	los Brazos, y cree de mí
	que en mi vida he recibido
	pesar como el que ahora aquí
	despidiéndome he tenido.
Don Diego	Todo lo creo de ti. 760

(Vanse.)

[Sala en casa de Don Pedro]

(Salen Don Juan, Barzoque, Don Pedro y Celio, con luces.)

Don Juan	¿Está todo puesto ya?
Barzoque	Ya, señor, todo está puesto;
	solo falta de ponerte
	tú a caballo.
Don Pedro	Mira, necio,
	si se olvida algo.
Barzoque	Ahora iré 765
	la memoria recorriendo.

	Mi amo aquí está, yo aquí estoy,	
	las mulas allí están; bueno,	
	cabales hasta aquí estamos,	
	tantas mulas como dueños.	770
	Las maletas allí están,	
	la sombrerera y el fieltro.	

Don Juan   ¿Fieltro llevas en verano?

Barzoque   Quizá volveré en invierno.
             El quitasol.

Don Pedro   ¿Quitasol,   775
             yendo de noche?

Barzoque   Por eso
             que quien de noche camina,
             le ha menester, pues es cierto
             que hace calor, y no están
             las posadas tan a tiempo,   780
             que no dé un poco de Sol;
             y cuando no sirve desto,
             ¿hay más que hacer del que fue
             quitasol, quita-sereno?
             Las botas grandes...

Don Juan   ¡En julio   785
             botas!

Barzoque   Éstas que yo llevo.
             yo he de calzarlas.

Don Pedro   ¿Ahora?

Barzoque	Pues ¿para cuándo se hicieron ellas, sino para cuando hay mayores sedes?
Don Juan	¿Luego 790 son de vino?
Barzoque	Pues.
Don Pedro	¿Y cuántas?
Barzoque	Dos, por igualar el peso.
Don Pedro	Si escuchamos a este loco, no saldrás, a lo que entiendo, de aquí hasta el amanecer 795
Barzoque	Nada se olvida, en efecto. Vamos..., si bien no sé qué escrúpulo acá me tengo de que se me olvida algo, que dudando y discurriendo, 800 me acuerdo de cierta cosa, y qué cosa no me acuerdo.
Don Juan	Dame tu mano, señor.
Don Pedro	De nada, Don Juan, te advierto; tus obligaciones sabes. 805 Adiós, pues, y ¡plegue al cielo te traiga con bien!
Don Juan	No sé si te lo otorgue, que temo

	no volver vivo. [Aparte.] ¿Qué mucho, si antes de partir voy muerto? Ausencia, pues te llamaron remedio de amor y celos, pues me ves morir de amor, dame, ausencia, tu remedio.	810

(Vase.)

Don Pedro   Alumbrad.

Barzoque   Dame los pies.   815

Don Pedro   Barzoque, solo te ruego
                   cuides mucho de tu amo.

Barzoque   Una y mil veces lo ofrezco.
(Aparte.)   ¿Qué quieres de mí, memoria?
                   Déjame, todo lo llevo.   820
                   Nada dejo de importancia.
                   pues las dos botas no dejo.

(Vase.)

Don Pedro	Obligaciones de honor, mucho me debéis, pues tengo valor para ver partir a tan conocido riesgo un hijo; y siendo yo mesmo quien más su peligro temo, fui quien más para el peligro le animo que le detengo. Pero vaya, mozo es, sirva al rey; pues es tan cierto	825

830 |

	que es la sangre de los nobles,	
	por justicia y por derecho,	
	patrimonio de los reyes.	835

Celio   Hola.
                Señor.

Don Pedro   Vamos, Celio,
con luz corriendo ahora
de Don Juan al aposento
por esa puerta que cae
a mi cuarto, y a ver luego   840
si la que cae a la calle
cerrada está.

Celio   De eso vengo,
y está cerrada; si bien
que hayas de reñirme temo
un descuido.

Don Pedro   Pues ¿qué ha habido?   845
¿Qué se ha olvidado? Di presto.

Celio   Pedir, señor, a Barzoque
la llave della.

Don Pedro   Pues ¿eso
qué importa, que él se la lleve,
si yo llave maestra tengo?   850
Y pues hay aquí recado
de escribir, escribir quiero.
Llégame bufete, silla
y luces.

Celio	¿Ahora, siendo más de medianoche ya, quieres escribir?	855
Don Pedro	No puedo excusarlo, porque son unas cuentas... Mas ¡qué veo! Los papeles de Don Juan (¡qué gran descuido!) son éstos; mira si alcanzarle puedes.	860
Celio	¿Cómo he de alcanzarle, habiendo tanto tiempo que partió?	
Don Pedro	Pues luego al punto, al momento busca en qué ir hasta alcanzarle, y dáselos, porque es cierto que sin ellos no podrá cobrar su ventaja y sueldo.	865
Celio	Hasta la mañana, ¿quién me dará en qué ir?	
Voces dentro	¡Fuego, fuego!	870
Don Pedro	Mira que voces son ésas tan cerca...	
Leonor (Dentro.)	¡Válgame el cielo!	
Don Pedro	... De casa.	
Celio	Yo voy a ver dónde son.	

Juana (Dentro.)	Huyamos presto,
	señora; piérdase todo, 875
	pero no las vidas.
Voces dentro	¡Fuego!
Don Pedro	¿Dónde será?
Leonor (Dentro.)	Pues abierta
	esta casa está...
Don Pedro	¿Qué es esto?

(Sale Leonor, medio vestida.)

Leonor	Una mujer infelice,
	a quien esta luz (mi pecho 880
	me ahoga) trajo hasta aquí,
	de sus desdichas huyendo.
	Si sois, señor (¡muerta estoy!),
	como mostráis, caballero,
	amparadla (¡qué desdicha!), 885
	pues basta saber (no puedo
	hablar) que de vos se vale
	en ocasión que (el aliento
	me falta) su misma casa
	le echa de sí.
Don Pedro	Deteneos, 890
	sosegad, que habéis llegado
	donde halléis, yo os lo prometo,
	amparo y favor. ¿Qué ha habido?

Leonor	Que estando ahora...	
Voces dentro	¡Fuego, fuego!	
Leonor	Esas voces os respondan. En mi casa, en mi aposento son.	895
Don Pedro	¿Qué casa es?	
Leonor	La frontera.	
Don Pedro	A ella acudiré, y ofrezco poner cuanto yo pudiere en salvo. Vamos corriendo. (A Celio.) Llama todos los criados. Vos aquí estad, mientras vuelvo.	900

(Vanse Don Pedro y Celio, y sale Juana.)

Juana	¡Ay, señora, qué desdicha! Todo se nos queda ardiendo. Como me cogió salí.	905
Leonor	Mayor pudo sucedernos, si dormidas nos hallara. Ya que agradecerle tengo a mi fortuna que tantas penas me haya dado a un tiempo; pues la ausencia de Don Luis, de mi hermano el retraimiento, desvelada me tenían para que pudiese (¡ay cielos!) la vida escapar, quizá	910

915 |

	para mayores tormentos.	
Juana	No sé cómo el fuego pudo encenderse.	
Leonor	No apuremos	
	cómo pudo suceder,	
	pues ya sucedió; y no quiero	920
	ser ingrata a mi ventura,	
	acordándome en suceso	
	tan infelice de nada,	
	ni cómo pudo ser, puesto	
	que no perdiendo la vida,	925
	todo es poco cuanto pierdo.	
Juana	No dudo que nada pierdas,	
	que a lo que desde aquí veo,	
	todo a esta casa lo traen;	
	y si no me engaño, pienso	930
	que es menos el fuego, pues	
	ya el ruido, señora, es menos.	

[Sale Don Pedro.]

(Don Pedro. [Hablando con sus criados, que están dentro.])

	Entrad a este cuarto toda	
	la ropa. ¡Gracias al cielo,	
	señora, que ha sucedido	935
	felizmente! Todo el fuego	
	queda apagado; que fue	
	dicha socorrerle presto:	
	toda la hacienda también	
	está en salvo.	

| Leonor | Agradeceros | 940 |

tan grande merced quisiera;
pero a empezar no me atrevo,
por no dejar desairado
tan noble agradecimiento.
Guárdeos el cielo mil años; 945
y supuesto que ya os debo
tal merced, dadme licencia
para recibirla, yendo
acompañada de vos
a mi casa. 950

Don Pedro Deteneos,
y considerad, señora,
que aunque ya cesó el incendio,
no el humo, y a ahogaros basta
el que hay en vuestro aposento.
Demás, de que fue forzoso 955
para cortarle, en el suelo
el tabique derribar
de la alcoba; y fuera desto,
toda vuestra ropa está
en mi casa; y así, es cierto 960
que en la vuestra no podéis
entrar, señora, tan presto.

Leonor Pues ¿qué he de hacer, ¡infelice
de mí!, que una amiga, un deudo.
donde pudiera albergarme, 965
ambos viven de aquí lejos?
Y a estas horas y desnuda
ir yo...

Don Pedro	Si el ser caballero	
	os asegura, señora,	
	de mi proceder, saliendo,	970
	sobre la sangre, las canas	
	fiadoras de mi respeto;	
	y para decirlo todo	
	de una vez, si el ser Don Pedro	
	de Mendoza os asegura;	975
	lo que yo ofreceros puedo,	
	este cuarto es, donde entrasteis,	
	tan apartado y tan lejos	
	del mío, que nadie tiene	
	que hacer en él. No está puesto	980
	como merecéis; mas hay	
	una carne, por lo menos,	
	para pasar lo que falta	
	de la noche, hasta que siendo	
	de día, a la casa vais	985
	desa amiga y dese deudo.	
	Y por más seguridad,	
	si no basta todo esto,	
	tomad la llave vos misma,	
	y cerraos por de dentro.	990
Leonor	La seguridad mayor,	
	señor, que yo tener debo,	
	es ser quien sois; pero no	
	quisiera yo, porque tengo	
	mucho que perder, que alguno,	995
	por objeción de suceso	
	tan extraño, me pusiera,	
	o bien malicioso o necio,	
	el que me quedé una noche	
	fuera de mi casa.	

Don Pedro   Un riesgo   1000
    tan preciso y tan forzoso
    disculpa un atrevimiento,
    y más tan lícito y justo.
    Quedaos aquí y yo os ofrezco
    del menor inconveniente   1005
    que de esto os resulte, haceros
    satisfecha.

Leonor   ¿Esa palabra
    me dais?

Don Pedro   Sí.

Leonor   Pues yo la acepto.
    Juana, vete a casa tú,
    para que cuides de aquello   1010
    que allí quedó.

Juana   ¿A casa yo?

Leonor   Sí, pues yo asegurada quedo.

Don Pedro   Ésta es la llave. [Le da la maestra.]

Leonor   Señor,
    no la tomo por recelo,
    sino por poder decir   1015
    que me cerré por adentro.

[Vanse Don Pedro y Juana; Leonor echa la llave.]

    ¿Qué quieres de mí, fortuna,

que en tantos lances me has puesto?
   Dame más valor, o no
   me des tantos sentimientos.   1020
   ¿Quién creerá que en cuatro días
   caben tan raros sucesos
   como me han acontecido?
   Y aun con todo, no me quejo
   de ti, fortuna, porque   1025
   para adelante te quiero
   por amiga; que aun te queda
   cabal el poder, y temo
   lo que puedo padecer,
   aun más de lo que padezco.   1030
   (Siéntase en una silla.)
   Rendida, dudo si diga
   de mis desdichas al peso,
   o a las señas de mortal,
   en esta silla me siento,
   tan dudosa, que no sé   1035
   si podrá el entendimiento
   distinguir si el que me rinde
   es el desmayo o el sueño.
   ¡Cielos!, no descanso os pido,
   paciencia sí. [Quédase dormida.]

(Salen Don Juan y Barzoque, abriendo quedito una puerta.)

Don Juan   Abre más quedo,   1040
   no alborotemos la casa,
   si está mi padre durmiendo,
   ya que habiéndote dejado
   todos mis papeles puestos
   sobre el bufete, la llave   1045
   llevaste de mi aposento;

| | porque en un descuido, otro | |
| | pueda servir de remedio. | |

Barzoque   ¡Vive Dios, que no he tenido
             tal pesadilla y desvelo,   1050
             como el que llevaba, hasta
             acordarme que eran ellos
             lo que se olvidaba! Bien
             que fue dicha ser tan presto.

Don Juan   ¡Oh! Qué feliz fuera yo,   1055
             si como a Madrid me vuelvo
             a buscar unos papeles,
             volviera alegre y contento
             a buscar una hermosura
             que dentro del alma tengo!   1060

Barzoque   ¿Qué dieras, señor, por verla?

Don Juan   Diera el alma.

Barzoque   ¡Caro precio!

Don Juan   Entra en la sala.

Barzoque   ¡A esta hora
             hay luz en ella! ¿A qué efecto?

Don Juan   Algún criado quizá   1065
             estará... Mas, ¡santos cielos!

Barzoque   ¡Qué miro! (*Repara en Leonor.*)
             ¡Jesús mil veces,

Don Juan	¿De qué tiemblas?

Barzoque	De algo tiemblo.
	pues es la mujer que está
	sobre esa silla durmiendo 1070
	la misma que adoras.

Don Juan	Bien
	la extrañeza del suceso
	Puede dar admiración,
	miedo no.

Barzoque	¿Cómo no miedo,
	si cuando ofreces el alma 1075
	te la hallas en tu aposento,
	en fe de que aceptó
	la palabra el diablo?

Don Juan	Necio,
	¿tan bien mandado es el diablo?

Barzoque	No lo es; pero puede serlo. 1080
	¿Quién querías tú que aquí
	te la tuviese?

Don Juan	Sucesos
	que ahora no se ofrecen.

Barzoque	Pacto
	ha sido explícito, es cierto.

Don Juan	Llega esa luz.

Barzoque	¿Yo llegar? 1085

| Don Juan | ¿Adónde te vas? |
| | |

Barzoque	Huyendo
	della y de ti. Con las mulas
	y el mozo, señor, te espero,
	si bien un diablo y un mozo
	de mulas todo es lo mesmo.	1090

(Vase.)

Don Juan	Ignorada deidad mía,
	si eres en esta ocasión
	el cuerpo de mi ilusión,
	la alma de mi fantasía,
	si sombra que helada y fría	1095
	mi imaginación formó,
	¿cómo hizo en quien no te amó
	mi imaginación efeto?
	Luego no eres mi conceto,
	pues te ve otro más que yo.	1100
	Pues siendo en mi devaneo
	cuerpo con alma y sentido,
	¿quién pudo haberte traído
	al lugar donde te veo?
	Conjuro de amor, no creo	1105
	haberle tal, que pudiera
	atraerte aquí: de manera,
	que aunque aquí te llego a ver,
	no hallo razones de ser
	fingida ni verdadera.	1110
	Pues ¿qué serás?; que rendido
	a una duda y otra duda,
	no hay desengaño que acuda

	sino a quitarme el sentido.	
	Sueño debe de haber sido	1115
	cuanto estoy viendo y tocando;	
	aunque tampoco, mirando	
	que fuera impropiedad, siendo	
	tú la que aquí estás durmiendo,	
	ser yo el que aquí está soñando.	1120
	Aunque bien puede ser, sí;	
	que si de ser inmortal	
	el alma, es clara señal	
	el sueño, y yo te la di.	
	cierto es que aunque anime en mí,	1125
	en ti vive; y así, cuando	
	duermes tú, estoy delirando	
	yo: con que ser puede (¡ay Dios!)	
	con un alma estar los dos,	
	tú durmiendo y yo soñando.	1130
	Y puesto que sueños son	
	las dichas y los contentos,	
	soñémoslos de una vez	
	hermosa deidad...	

(Despierta Leonor.)

Leonor   ¿Qué es esto?

Don Juan   Es un efecto de amor   1135
              no hallado acaso, aunque serlo
              parece, pues es buscado
              del mismo amor.

Leonor   ¿Cómo, ¡cielos!,
              así se rompe una fe
              jurada? Ved...

Don Juan	Nada veo.	1140

Leonor ...que yo en confianza vuestra...

Don Juan Ninguna es la que yo os debo.

Leonor ...aquí me quedé.

Don Juan Es en vano
disuadirme de mi intento.

Leonor ¿Vos sois noble?

Don Juan	No lo sé.	1145

Leonor Mirad que soy...

Don Juan Nada advierto.

Leonor ...más que pensáis.

Don Juan Poco importa.

Leonor	No, sino mucho; y primero
que logréis tan gran traición,
yo sabré romperme el pecho
con mis mismas manos.	1150

Don Juan Yo
estorbarlo.

Leonor ¿Cómo, ¡cielos!,
tan grande traición sufrís?

Don Juan	Como es de amor no te oyeron, porque traiciones de amor 1155 nacen con disculpa.
Leonor	Al viento daré voces.
Don Juan	Tapárete yo la boca.
Leonor	¡Piedad, cielos, y no permitáis que venga a dar de un fuego a otro fuego! 1160

Fin de la Jornada primera

Jornada segunda

[Sala en casa de Don Diego.]

Salen Don Diego y Juana.

Don Diego	¿Y qué hace tu señora?

Juana	¿Ya no lo sabes tú? Suspira y llora,
que es lo mesmo que todos estos días
la divierte, señor.

Don Diego	 Tú que debías
saber (como que siempre acompañada   5
de ti está, aún más amiga que criada)
la causa de que nace su tristeza,
¿también la ignoras?

Juana	 Sí, que la extrañeza
con que a mí me ha tratado
también en esta parte, su cuidado   10
saber no ha permitido
de qué causa, señor, haya nacido.

Don Diego	¿Pues no es fuerza, al mirar sus ansias sumas,
que cuando no la sepas, la presumas?

Juana	Mi pecho solo sabe 15
que la ocasión, señor, penosa y grave
de su melancolía,
dos meses ha que dura, pues el día
nació que a verte fue a tu retraimiento.

Don Diego	Aquese sentimiento, 20

	cuando deso naciera,	
	ya al verme libre a mí cesado hubiera;	
	pues habiendo sanado	
	aquel hombre que herí, y efectuado	
	con él las amistades,	25
	trocara los rigores en piedades;	
	pues en cualquiera aprieto,	
	cesando la ocasión, cesa el efecto.	

Juana   Lo que en el mismo día también pudo
                    su sentimiento ocasionar, no dudo   30
                    que fue, señor, el fuego
                    que en casa se encendió.

Don Diego   También lo niego,
                    que si deso naciera,
                    muriendo el fuego, la pasión viviera.
                    La hacienda ni la vida   35
                    no peligró, una y otra defendida
                    por la piedad y estilo lisonjero
                    de aquel anciano y noble caballero,
                    que en su casa hospedada
                    la tuvo aquella noche: luego en nada   40
                    esas dos ocasiones han causado
                    su mal; y más habiéndose mudado
                    de la casa a otro día,
                    por el azar que dice que tenía
                    con ella.

Juana   Pues en vano   45
                    decir más que eso puedo yo.

(Sale Leonor.)

Leonor (Aparte.)	Mi hermano aquí está. ¡Oh!, ¡quién pudiera de sus ojos faltar!, pues de manera me acusan mis desdichas, que no puedo verle la cara sin vergüenza y miedo. 50 Propio temor de un pecho delincuente pensar que todos saben lo que él siente.
Don Diego	Leonor, hermana mía, pues ¿por qué sin hablarme se volvía tu divina belleza? 55
Leonor	Por no darte pesar con mi tristeza.
Don Diego	Eso no es excusarle, sino antes aumentarle, añadiendo a tu gran melancolía el rigor con que tratas la fe mía. 60 Merezca, por tus ojos, saber la causa yo de tus enojos.
Leonor	Si de causa naciera, ¿a quién con más cariño lo dijera? Toda melancolía 65 nace sin ocasión, y así es la mía; que aquesta distinción naturaleza dio a la melancolía y la tristeza; y para ella, los medios son más sabios llorar los ojos y callar los labios. 70
Don Diego	Otros hay.
Leonor	¿Qué?

Don Diego	Aliviarla
	y ya que no vencerla, desecharla.
	¿Quieres aquesta noche
	salir a ver la máscara, en un coche,
	que hace Madrid en generosas pruebas 75
	de cuánto estima las felices nuevas
	de la mayor victoria
	que ha de durar eterna a la memoria
	del tiempo, en duras láminas grabada?
Leonor	No, que no puede divertirme nada 80
	la común alegría;
	que antes la pena mía
	halló para afligirme nuevos modos,
	viéndome triste, estando alegres todos.
Don Diego	Pues ¿qué podrá alegrarte?, 85
	¿qué podrá divertirte, qué aliviarte?
	No me trates ahora como hermano,
	trátame como amante, pues es llano
	que lo soy, ya que no de tu belleza,
	de tu virtud. ¿Qué singular fineza 90
	no hará por ti?
Leonor	¿Tú quieres hacer una,
	que es la que más te estime mi fortuna?
Don Diego	Mi amor con imposibles acrisola.
Leonor	Pues la mayor será dejarme sola.
Don Diego	¡Qué pasión tan tirana! 95
	Mas si en esto te sirvo, adiós, hermana.

(Vase.)

Juana   ¡Gracias, señora, al cielo,
que presto cesará tu desconsuelo,
pues ya vendrá Don Luis!

Leonor   Está advertida
que a Don Luis no me nombres en tu vida;   100
que ya expiró en mi pecho
todo cuando antes fue. Nada sospecho
que en mi pecho ha quedado,
porque hasta las cenizas han volado
de aquese ardor violento;   105
búscalas, y hallaráslas en el viento.

Juana   Siempre creí...

Leonor   No creas
nada, sino la pena que en mí veas;
y si quieres saber cuánto es severa,
haz una cosa.

Juana   ¿Qué es?

Leonor   Irte allá fuera,   110
que estorbas a la grave pena mía
la soledad, y no haces compañía

Juana   Fuerza es obedecerte.

(Vase.)

Leonor   ¡Oh!, ¡cuánto estimo verme desta suerte,
pues pueden sin testigos mis enojos   115

63

desahogarse! Hablad, labios; llorad, ojos.
Solos estáis, decid vuestros agravios,
quejaos al cielo, pues, ojos y labios;
que aunque juré callar, siendo testigo
el cielo, no es hablar hablar conmigo.   120
¿De un fuego huyendo a otro fuego
fui?... Tente, memoria, tente;
que pues yo no lo olvido,
no es bien que tú me lo acuerdes.
Pensé al principio que fuera   125
el fiero agresor aleve
de mi honor, mi huésped, ya
persuadida inútilmente
a que el ser traidor e injusto
fuese conjunto al ser huésped.   130
Quise dar voces; no pude,
que a un mismo tiempo fallecen
mi aliento y mis fuerzas. Dudo
a cuál de los accidentes
desmayada entre sus Brazos...   135
¿Qué frase habrá más decente
que lo refiera? Ninguna,
porque la más elocuente
es la que, sin decir nada,
el más rústico la entiende.   140
Volví del desmayo, cuando
el que (aquí el dolor se aumente)
más osado estuvo, más
cobarde la espalda vuelve.
¡Oh infames lides de amor,   145
donde el cobarde es valiente,
pues el vencido se queda
mirando huir al que vence!
Más animosa yo entonces

(propia acción de los que tienen 150
poco valor, alentarse
en sintiendo que los temen)
por conocer mi enemigo,
quise (¡ay de mí) detenerle,
y echando la mano al cuello 155
diciendo: «Traidor, deténte»,
así una banda, de quien
estaba esta cruz pendiente.
Abrióse el asa, y dejóme
con ella, al tiempo que sienten 160
ruido en el cuarto y a él llaman.
A abrir fui, por que me diesen
favor, cuando a un tiempo mesmo
el que huye y el que viene,
aquél se va y éste entra 165
por dos puertas diferentes.
Desengañéme yo entonces
de que Don Pedro no fuese
cómplice en traición tan grande,
al verle entrar; y de suerte 170
la vergüenza me trocó
la acción, que estimando que entre
por que vengue mis agravios,
no le dije que los vengue;
porque viendo al agresor 175
ya de mis ojos ausente,
y que no era entonces fácil
alcanzarle y conocerle,
quise más callar, porque
si yo una vez lo dijese 180
y ninguna lo vengase,
era afrentarme dos veces.
Volví a mi casa, porque

no vi la hora de verme
sola, para preguntarle 185
a este testigo quién fuese
su dueño; y cuando pensé
que debiera responderme:
«Noble es, conocer sabrá
la obligación que te tiene», 190
no solo (¡ay de mí!) es aquesto
lo que me dice y me advierte;
mas tan al contrario es,
que me dice claramente:
«Noble es, pero tan traidor, 195
que no a ti sola te ofende.»
Y es verdad, pues un retrato
que la venera contiene
me da a entender que no he sido
yo sola (¡oh traidor, aleve!) 200
la quejosa. ¡Oh muda imagen!,
dime quién es y quién eres;
que yo sola por las dos
tomaré y...

Marcela (Dentro.) ¡Jesús mil veces!

Inés [Ídem] ¡Válgame el cielo!

Leonor ¡Qué escucho! 205
¿Qué voces, qué ruido es éste?

Enrique (Aparte.) ¡Qué desdicha!

Don Diego [Ídem.] Acude, Enrique;
basta estar dentro mujeres.

[Sale Juana.]

Leonor ¿Qué es eso, Juana?

Juana   Es un coche,
que sin cochero y con gente,   210
más que de paso ha venido
la calle abajo, y en ese
hoyo que a la puerta está
abierto para una fuente,
se volcó, y no dudo que   215
cuantos van dentro se hiciesen
mucho daño. Mi señor,
que a la puesta estaba, al verle,
acudió a favorecer...
Mas no hay para qué lo cuente,   220
pues con una dama en Brazos,
él y Enrique hasta aquí vienen

[Salen Enrique y Don Diego, que sacan a Marcela desmayada.]

Don Diego Hermana, den tus pesares,
si es que hay pesares corteses,
treguas al dolor, y acude   225
piadosa, noble y prudente
a favorecer la vida
de una hermosura; pues debes,
por hermosa y desdichada,
favorecerla dos veces.   230

Leonor En vano, hermano, me pides
que acuda piadosamente,
pues quien sabe de pesares,
más fácil se compadece.

67

[Sale Inés.]

Inés	Ninguna criada honrada	235
	caer donde cae su ama puede,	
	pues todos se duelen della	
	y nadie de mí se duele.	
Leonor	Juana, entra a prevenir	
	un catre donde se acueste.	240

[Vase Juana.]

Don Diego   Enrique, acude tú al coche.

[Vase Enrique.]

Leonor	Tú, hermano, pues no hay más gente,	
	dese camarín alcanza	
	agua de azahar, por si vuelve	
	rociándole el rostro.	
Don Diego	¡Cielos!	245
	No malogre un accidente	
	tanta copia de jazmines,	
	pues ya huyó la de claveles.	
Inés (Aparte.)	¿Que esté yo descalabrada	
	y nadie de mí se acuerde?	250

[Vase Don Diego.]

Leonor	Hermosa dama, si acaso
	el acaso que sucede

	os dejó... [Aparte.] Pero, ¡qué miro!,
o mi discurso aparentes
formas a mis ojos finge,   255
o el original es éste
desta copia. Sí, y no solo
en la beldad se parecen,
pero en el estar sin vida
es su retrato dos veces.   260
Ella es la que...

[Sale Don Diego.]

Don Diego	Ya está aquí.
el agua.
Marcela	¡Cielos, valedme!
Leonor	Ya no es menester, pues ya,
hermano, en su acuerdo vuelve.
Inés	Así volviera en el mío 265
yo.
Don Diego	Si albricias me pidieses,
la vida diera en albricias.
Marcela	Admirada dignamente
de hallarme aquí, no sé cómo
mi agradecimiento empiece;   270
y así, entre los dos habré
de repartirle igualmente;
mas con una distinción:
que si mi vida se debe
a algún valor, será vuestra   275

	la acción; y si acaso fuese	
	milagro el mirarme viva,	
	vuestro el milagro; de suerte,	
	que hallándome entre los dos,	
	mi vida a los dos se ofrece,	280
	como a noble a vos, y a vos	
	como a deidad excelente.	

Leonor   De los agradecimientos
            que vuestra voz nos promete,
            no es justo que yo, señora,   285
            por entendida me muestre,
            pues no soy yo la deidad;
            y así a mi hermano se deben,
            como a quien os socorrió,
            esos favores corteses.   290

Marcela   Guárdeos el cielo mil años;
            que ya gozosa de verme
            merecedora de tales
            dichas, mi vida agradece
            el peligro en que me he visto.   295

Don Diego   No agradezcáis desa suerte
            acción que, sin conoceros,
            hice por vos; pues no tiene
            que agradecer quien acaso
            obligada llega a verse.   300
            Si bien, por no malograr
            a quien tan bien encarece
            la obligación, os suplico
            deis lugar para que en este
            breve cielo a tanta luz   305
            y esfera a tanto Sol breve,

se os sirva.

[Sale Juana.]

| Juana | Ya está, señora, prevenido donde puede descansar. |

| Marcela | Dadme licencia de que tal merced no acepte; 310
que no es posible quedarme
a recibirla; que tiene
en mi estado tanta dicha
algunos inconvenientes. |

| Leonor | Pues merezcamos saber 315
quién sois, para que no queden
dudas de vuestra salud,
sin más noticias de quiénes
informarnos; que no dudo,
según lo que mi alma siente 320
vuestros sucesos, que ya
me importa precisamente
saber quién sois. |

| Marcela | Pues yo soy
la obligada, a mí compete
saber de la vuestra; así, 325
porque en ningún tiempo llegue
tanta nobleza a ganarme
de mano en tantos corteses
cumplimientos, perdonadme
callar quién soy. |

[Sale Enrique.]

Enrique   Ya allí tienes   330
el coche puesto, señora.

Inés   El demonio que en él entre.

Don Diego   No vais en él, esperad.

Marcela   No es posible detenerme.
Quedad con Dios.

Leonor   Él os guarde;   335
y creedme que de suerte
me he holgado veros con más
vida que os vi, que parece
que retratada quedáis
a vivir conmigo siempre.   340

Marcela   Y yo siempre agradecida
a tan piadosas mercedes,
esclava vuestra seré.
Y vos, caballero, hacedme
merced de quedaros.

Don Diego   Yo   345
he de ir sirviéndoos.

Marcela   De aquese
cuarto no habéis de salir.

Don Diego   A mi pesar, obediente,
me quedo.

Marcela   Vamos, Inés.

[Vanse Marcela e Inés.]

Leonor   Enrique.

Enrique   Señora.

Leonor   Hacedme   350
                  gusto de saber quién es
                  y en qué parte vive.

Enrique   En breve
                  lo traeré sabido.

Don Diego   Enrique.

Leonor (Aparte.) Si mi hermano le detiene,
                  la ocasión he de perder   355
                  de saber quién es.

Enrique   ¿Qué quieres?

Don Diego   Sabe quién es esta dama,
                  su casa y qué nombre tiene.

Enrique   Sí haré. [Aparte.] El servir a dos amos
                  fácil fuera desta suerte,   360
                  mandando una misma cosa
                  los dos.

Leonor [Ídem.]   ¡Cielos, concededme
                  alguna luz de saber
                  quién aquel tirano fuese

	de mi honor!	
Don Diego [Ídem.]	Permitid, cielos,	365
	que yo a saber quién es llegue	
	aquesta hermosa homicida.	
Leonor [Ídem.]	Y hasta entonces, alma, vuelve	
	a padecer y callar.	
Don Diego [Ídem.]	Y amor, hasta entonces cesen	370
	los labios. [Alto.] Adiós, Leonor.	
Leonor	Él te guarde.	
Don Diego (Aparte.)	Amor, concede	
	alivio a mi pena.	
Leonor	[Ídem] Honor,	
	treguas a mi llanto ofrece. [Vanse.]	

[Inmediaciones de una venta o posada en el camino de Madrid a las provincias del Norte, a media jornada de dicha capital.]

[Salen Don Luis, Don Juan y Barzoque.]

Don Luis	Aquí no hemos de parar	375
	más que solo a dar cebada.	
Don Juan	Que no se perdió jornada,	
	dijo un adagio vulgar,	
	por dar cebada y oír misa.	
Barzoque	Al contrario digo yo;	380
	pues cuando más me importó	

	el caminar más aprisa,
	siempre perdí la jornada
	por esas dos cosas; pues
	lo que más detiene es 385
	el oír misa y dar cebada.
Don Luis	Barzoque, al mozo decid
	que acabe: que es tarde, veis.
Don Juan	Notable priesa tenéis
	por entrar hoy en Madrid 390
Don Luis	¿Quién (después de haber cumplido,
	Don Juan, con su obligación,
	hallándose en la ocasión
	mayor que España ha tenido;
	y habiendo alcanzado ya 395
	licencia para volver;
	al fin, llegándose a ver
	que media jornada está
	de Madrid) no deseó
	verse entre deudos y amigos, 400
	haciendo a todos testigos
	de tantas venturas?
Don Juan	Yo,
	que amigos y deudos tengo,
	y no se me diera nada
	que empezara la jornada 405
	ahora.
Don Luis	Pues yo, aunque vengo
	tan gustoso, por traer,
	Don Juan, vuestra compañía,

	volar, no correr, querría.	
Don Juan	Yo, ni volar ni correr.	410
Don Luis	¿Estáis, por dicha, olvidado de lo que es Madrid?	
Don Juan	No estoy; mas no tengo en Madrid hoy cosa que me dé cuidado.	
Don Luis	Pues cuando no le tengáis en lo particular puesto, por lo general (supuesto que en él tan bien visto estáis de damas y caballeros), ¿no os da gana a volver?	415
Don Juan	No, porque de uno y otro yo no necesito; y haceros un argumento podré. Si por caballeros, ¿dónde mayor nobleza se esconde que la que en Irún dejé? Si por damas, cosa es llana que a mí lo mismo me inclina angosta una vizcaína, que ancha una castellana.	420 425 430
Don Luis	¡Oh!, ¡quién se hallara, Don Juan, tan libre, que hacer pudiera donaire de la severa ira de amor! No me dan	

	mi deseo y mi cuidado	435
	licencia a mí para hablar	
	de burlas.	
Don Juan	Eso es mostrar	
	que estáis muy enamorado.	
Don Luis	Tanto lo estoy, que quisiera	
	poder volar con las alas	440
	de amor; y no fueran malas	
	para llegar a la esfera	
	adonde apenas llegó	
	pensamiento que rendido	
	no volviese, porque ha sido	445
	del mejor Sol que ilustró	
	el día de luces bellas,	
	el mundo de resplandores,	
	la primavera de flores	
	y todo el cielo de estrellas.	450
Don Juan	Una pregunta hacer quiero.	
	Esa dama que adoráis	
	¿poseéis o deseáis?	
Don Luis	Deseo, sirvo y espero.	
	Deseo un dulce favor,	455
	sirvo un hermoso desdén	
	y espero lograr un bien,	
	premio de mi firme amor;	
	porque es el alto sujeto	
	que idólatramente adoro,	460
	beldad de inmenso decoro,	
	deidad de sumo respeto.	
	Para casarme he servido	

	una dama, cuya pura	
	perfección de la hermosura	465
	honesta Venus ha sido.	
	Imán de tan alta estrella,	
	a verla vuelvo, y constante	
	es un siglo cada instante	
	que tardo en volver a vella.	470
Don Juan	Aunque tan fino os halláis,	
	¿queréis olvidarla?	
Don Luis	No,	
	ni que haya, presumo yo,	
	tal remedio.	
Don Juan	¡Oh cuánto estáis	
	templado a lo antiguo!	
Don Luis	Pues,	475
	¿qué medio hay para olvidar	
	una hermosura?	
Don Juan	Alcanzar	
	esa hermosura. Ésta es	
	la cura, Don Luis, más cuerda;	
	porque ¿quién tan importuna	480
	pasión tuvo, que de una	
	lograda ocasión se acuerda?	
	¿Por qué pensáis que Macías	
	enamorado murió?	
	Porque nunca consiguió.	485
	Yo quise bien ocho días,	
	y sané luego al momento;	
	porque aun antes que supiera	

	casa, nombre ni quién era	
	la tal dama, en mi aposento	490
	la hallé una noche dormida,	
	sin saber quién la llevase	
	allí, ni qué la obligase	
	a ser tan agradecida:	
	donde entregando al olvido	495
	de mi memoria el cuidado,	
	yendo muy enamorado,	
	salí muy arrepentido.	
Don Luis	Pues ¿cómo sin saber que	
	vos la amabais, os buscó	500
	esa dama?	
Don Juan	¡Qué sé yo!	
Don Luis	¿Quién la trajo?	
Don Juan	¡Yo qué sé!	
	Ni de saberlo he cuidado.	
Barzoque	¿Cómo es posible, señor,	
	que eso cuentes sin temor?	505
	Que yo, de haberlo escuchado	
	ahora, aunque lo temblé	
	entonces, vuelvo a temblarlo.	
Don Luis	¿Por qué?	
Barzoque	Porque, sin dudarlo,	
	un diablo súcubo fue.	510
Don Juan	Calla, necio.	

Barzoque	¿Quién pudiera	
	ser quien en casa se hallara	
	al tiempo que él en voz clara	
	dijo que por verla diera	
	el alma, y luego la vio,	515
	sino el demonio vestido	
	de mujer?	
Don Luis	Tan suspendido	
	el suceso me dejó,	
	que os tengo de suplicar	
	muy despacio me contéis	520
	cómo fue esto.	
Don Juan	Si tenéis	
	gusto, volverá a empezar	
	todo el caso. Estadme atento,	
	que estimaré divertiros	
Don Luis	Mucho me holgaré de oíros,	525
	porque es extremado el cuento.	
Don Juan	Yo vi cierta dama, cuya	
	beldad me agradó fiel.	
Barzoque	Que para agradarse él	
	bastó que no fuese suya.	530
Don Juan	Seguirla quise, y no pude	
	por un grande impedimento.	
Barzoque	Aqueso no importa al cuento.	

Don Juan	Volví a ver si al templo acude, donde la vi la primera vez.	535
Barzoque	Volvió, que aunque sagrado, era diablo bautizado.	
Don Juan	Siguiéndola, a ver quién era, otro acaso sucedió, que lo embarazó también.	540
Barzoque	Por quien se dijo más bien: «Otro diablo que llegó.»	
Don Juan	Llegó en esto mi partida: ausentarme determino; cuando, yendo mi camino, éste, que siempre se olvida de lo que más importó, se acordó que había dejado mis papeles. Enfadado, volví a Madrid, y por no alborotar, quise entrar, con llave que yo tenía en mi cuarto; luz había, y apenas volví a mirar quién estaba allí, cuando a ella la vi en mi cuarto dormir.	545

550

555 |
| Barzoque | Acabando de decir que daría el alma por ella. | |
| Don Luis | ¿Cómo en tan raro suceso no preguntasteis quién fuese, | 560 |

	ni quién allí la trajese?	
Don Juan	¿Quién me metía a mí en eso?	
	Si ella se quería ocultar,	
	¿preguntarla no sería	
	quien era, descortesía?	565
Don Luis	Pues ¿qué hicisteis?	
Don Juan	Sin hablar, maté la luz.	
Don Luis	¿Para qué?	
Don Juan	Para que ella no supiera	
	tampoco allí quién yo era.	
Don Luis	Pues ¿por qué, Don Juan?	
Don Juan	Porque	570
	no se pudiera alabar	
	jamás de que me gozó;	
	que también tengo honor yo,	
	y soy mozo por casar.	
	Fuera de que el principal	575
	intento fue, que esto hiciese,	
	que mi padre no supiese	
	que yo había vuelto, pues tal	
	prevención me aseguraba	
	de la queja que podía	580
	tener la libertad mía,	
	si allí por su orden estaba;	
	pues ahora podré negar	
	en todo tiempo que fui	

	el hombre que entró hasta allí.	585
Don Luis	Eso no quiero apurar, sino saber si después supisteis quién era.	
Don Juan	¿Yo?	
Don Luis	¿Ni quién la llevó allí?	
Don Juan	No.	
Don Luis	¿Y ahora no os mueve, pues, la curiosidad siquiera de saber quién es, y allí la tuvo?	590
Don Juan	En mi vida fui curioso; y antes quisiera no preguntarlo jamás, ni que nadie me llegara a decirlo; que estimara el no saber della más, porque estoy ya muy cansado de saber cómo se llama y dónde vive mi dama, qué porte tiene y qué estado; y así, solo me desvela pensar que lo he de saber, porque me muero por ser caballero de novela, y que se cuente de mí que una infanta me adoró encantada, de quien yo	595 600 605

	no supe más.	
Barzoque	Y yo sí.	610
Don Luis	Y ella, ¿qué porte tenía?	
Don Juan	Tal, que si algo en este estado me hubiera de dar cuidado, su ofendido honor sería.	
Don Luis	Y en fin, ¿en qué paró?	
Don Juan	En que antes que me conociera volví a cerrar por defuera, y en el cuarto la dejé.	615
Don Luis	Y ¿no sacasteis, decid, los papeles vuestros?	
Don Juan	No, porque para negar yo el haber vuelto a Madrid, fue importante no traellos, que pudiera ser que ya los hubiesen visto allá. Y no importó, pues con ellos un criado me alcanzó, a quien mi padre enviaba.	620 625
Don Luis	Y ese criado ¿contaba algo de esa dama?	
Don Juan	No,	630

                ni yo se lo pregunté,
por que en malicia no entrara
de haber vuelto.

Don Luis   ¡Cosa rara!
Y ahora, ¿qué habéis de hacer?

Don Juan   ¿Qué?
Entrar muy disimulado   635
en casa.

Don Luis   ¿Pues ella ya
de ese lance no se habrá
a vuestro padre quejado?

Don Juan   ¿Para cuándo es el negar,
sino para ahora? Si bien   640
hay un testigo con quien
el delito comprobar
pueden.

Don Luis   ¿Cuál?

Don Juan   Una venera,
que del cuello me arrancó,
con un retrato. Mas no   645
importa, pues cuando quiera,
en tales señas fundada,
convencerme, yo diré
que es mentira, porque fue
dejármela allí olvidada.   650

Don Luis   ¡Buen desenfado tenéis!
Y la dama retratada,

| | viendo que de la jornada
sin el retrato volvéis,
¿no se quejará? |
|---|---|
| Don Juan | Eso es cosa 655
que ha de darme más placer.
¿Hay cosa como tener
uno a su dama quejosa?
Fuera de que ¿ha de faltar
una compuesta mentira 660
que ablande toda esa ira? |
| Barzoque. | ¿Luego tú piensas tornar
a hablar a Marcela? |
| Don Juan | Sí. |
| Barzoque | ¿No te acuerdas que quedó
muy desairada, y que no 665
querrá ella hablarte a ti? |
| Don Juan | Ríete de eso, que nada
hay que tenga una hermosura
más rendida y más segura
que tenerla desairada. 670
Esta noche me verás
ir a visitarla y vella. |
| Barzoque | ¿Cómo? |
| Don Juan | Como si con ella
reñido hubiese jamás. |
| Don Luis | En toda mi vida he estado, 675
Don Juan, más entretenido |

	que este rato que os he oído.	
Don Juan	¿No es raro cuento?	
Don Luis	Extremado.	
Barzoque	Ya el mozo allí nos espera.	
Don Luis	Vamos, Don Juan; que no veo	680
	la hora que mi deseo	
	llegue a abrasarme en la esfera	
	del Sol que adoro.	
Don Juan	Ni yo	
	la hora de verme en mi cama,	
	que es la más hermosa dama	685
	y más cómoda, pues no	
	pide pollera ni coche,	
	y en un rincón encerrada	
	todo el día está, y no enfada	
	con gozarla cada noche.	690

(Vanse.)

[Sala en casa de Marcela.]

(Salen Marcela e Inés.)

Inés	Aquel criado, señora,
	que nuestro coche siguió
	desde el sitio en que cayó
	hasta casa, vuelve ahora
	con un recado.

Marcela	Pues di que entre.	695

(Sale Enrique.)

Enrique   Mi señor Don Diego
de Silva, con este pliego
me envía.

Marcela   Mostrad. Dice así:
(Lee.)   «El deseo de saber de vuestra salud sea disculpa de
mi atrevimiento, para lograr la dicha de haberla yo
amparado, con la certeza de haberla vos conseguido.
Yo fuera a saber de ella, si me juzgara merecedor de
oírlo de vuestra boca. Suplícoos me respondáis, o me
deis esta licencia. Dios os guarde.»
Diréis al señor Don Diego,
hidalgo, cuánto he estimado   700
de mi salud el cuidado;
y que está de más el ruego
con que me pide licencia
de verme en mi casa, pues
a término tan cortés   705
debo igual correspondencia,
que yo seré la dichosa
en que quiera honrarla y vella,
para que se sirva della.

Enrique   Guárdeos Dios. [Aparte.] Extraña cosa no   710
fue la afición que cobraron
mi amo y mi ama a esta mujer,
pues los dos, hasta saber
casa y nombre, no pararon.

(Vase.)

Inés	¡Cuánto, señora, estimara	715
	que aqueste Don Diego fuera	
	el que venganza te diera	
	de Don Juan, y que te hallara	
	vengada de su desdén!	
Marcela	No esperes ventura igual;	720
	que basta tratarme mal	
	para que le quiera bien.	
	Y aunque tan justo sería	
	que hallase en mí novedad,	
	una cosa es voluntad	725
	y otra cosa cortesía.	
	¿Cómo puedo a un caballero	
	que la vida, Inés, me dio,	
	dejar de admitirle yo	
	a visita?	
Inés	Pues primero	730
	que ésa nos venga, ya ahora	
	otra tenemos.	
Marcela	¿Quién es?	
Inés	¿Una tapada no ves	
	entrarse hasta aquí, señora?	
Marcela	¿Quién será?	
Inés	Ella lo dirá.	735

[Sale Leonor, tapada.]

Leonor (Aparte.)	Cielos, a mucho me atrevo;
	mas buena disculpa llevo
	en mi favor, que es que ya
	tengo poco que perder,
	perdido lo más; y así, 740
	sola y disfrazada aquí
	vengo a si puedo saber
	el nombre de aquel traidor.
	Ánimo, agravios, pues puedo
	perder a mi honor el miedo 745
	que antes me diera mi honor.
Marcela	¿Qué es, señora, lo que aquí
	buscáis, que desa manera
	entráis?
Leonor	¿Sois, saber quisiera,
	vos Doña Marcela?
Marcela	Sí, 750
	que a nadie jamás negué
	mi nombre.
Leonor	¡Airoso desvelo!
	Y pues estáis en el duelo
	tan bien vista, sabed que
	tengo un negocio con vos 755
	a solas.
Marcela	¡Salte tú, Inés,
	allá fuera! [Vase Inés.] Decid, pues;
	ya estamos solas las dos.

Leonor	A mí me importa...	
Marcela	Primero	
	que la importancia digáis,	760
	es justo que os descubráis;	
	que si es desafío, no quiero	
	daros ventaja, y es cierto	
	que en vos será acción indigna	
	tirar detrás de cortina,	765
	estando yo en descubierto.	
Leonor	Ventaja en mí no se halla	
	que os pueda dar temor tanto,	
	que la cortina de un manto	
	no es cortina de muralla.	770
	Y la que siguió tan bien	
	la metáfora, no dudo	
	que sepa también que pudo	
	entrar de rebozo quien	
	aventurero es; y así,	775
	descubrirme yo no quiero,	
	pues la ley de aventurero	
	me comprende.	
Marcela	Pues decí.	
Leonor	A mí me importa saber	
	de un galán muy desta casa	780
	(que aunque su amor no me abrasa,	
	me ofende su proceder),	
	que tanto ha que no entra en ella,	
	por saber si habla verdad	
	en algo su voluntad.	785

| Marcela | Mi reina, mal respondella
puedo a eso; que hay a ese umbral
muertos de amor cada día
tantos hombres, que sería
imposible saber cuál | 790 |
| | es el que a usarced ha dado
satisfacción de que ya
no me ve; y puesto que está
aquel discurso pasado
tan fresco, vuélvome a él. | 795 |
| | Si entra buscando a ese hombre
quier en la fuerza, dé el nombre,
porque no ha de entrar sin él. | |

| Leonor | Aunque nombrarle pudiera,
no le hago tanto favor
como nombrarle, y mejor
lo dirá aquesta venera.
¿Conocéisla? | 800 |

| Marcela | Sí, y si tiene
un retrato, será ella. | |

| Leonor | En mi mano habéis de vella,
que en la vuestra no conviene.
¿Es éste? | 805 |

| Marcela | ¿Quién os lo dio? | |

| Leonor | El galán que le traía.
Y decid, por vida mía
(¡qué hable desta suerte yo!),
¿qué tanto habrá que no os ve,
y cómo os ha dicho a vos | 810 |

                    que se llama? Que a las dos
                    nos engaña (yo lo sé
                    muy bien sabido), mudando   815
                    el nombre por disfrazar
                    sus traiciones.

Marcela   Si apurar
                    queréis mi paciencia, cuando
                    me estáis matando de celos,
                    contadme de aquese ingrato   820
                    que os entregó ese retrato,
                    cómo a vos os dijo...

Leonor (Aparte.)   ¡Cielos!
                    Sálgame esta industria bien.)

Marcela   ... que se llamaba. ¡Qué ira!

Leonor   Don Alonso de Altamira.   825

Marcela   Pues mintió.

Leonor   Es traidor.

Marcela   Que a quien
                    le di esa venera yo
                    por favor con mi retrato,
                    aunque me mintió su trato,
                    su nombre no me mintió.   830

Leonor   ¿De qué lo inferís?

Marcela   De que
                    le conozco bien y así

	no pudo engañarme a mí.	
	O, decidme, ¿cuándo fue	
	cuando ese retrato os dio?	835
Leonor	Ayer.	
Marcela	Pues ¿cómo, si está fuera de Madrid?	
Leonor	Quizá de donde estaba volvió	
	a verme a mí de secreto.	
(Aparte.)	Bien deste aprieto salí,	840
	y ya sé que no está aquí.	
Marcela	Él os engaña, en efecto.	
Leonor	Quizá sois vos la engañada.	
	¿Quién os dijo a vos que era?	
Marcela	Hasta cobrar la venera,	845
	no tengo de hablar en nada.	
Leonor	¿Qué es cobrarla?	
Marcela	¿Pues había	
	de haber yo llegado a vella	
	en vuestra mano, y sin ella	
	quedar? Desaire sería	850
	notable; y no solo ya	
	el retrato, cosa es clara,	
	me habéis de dar; mas la cara	
	os he de ver.	

Leonor	No será
	fácil vuestra pretensión. 855
	Y reportaos, porque
	a sola una voz que dé,
	vendrá quien por un balcón
	os eche; que soy quien soy,
	y en efeto, tengo que irme 860
	con él, y sin descubrirme.
(Aparte.)	Temblando de miedo estoy.
Marcela	¿Veis todo eso? Pues es vano
	el miedo en que me habéis puesto,
	y he de ver...
Leonor	Mirad...

(Quiere descubrirla, y estando asidas las dos, sale Don Diego.)

Don Diego	¿Qué es esto? 865
Marcela	¡Señor Don Diego!
Leonor (Aparte.)	¡Mi hermano!
Don Diego	Con la licencia, señora,
	que me disteis, he venido
	a veros, porque sin ella
	no fuera tan atrevido. 870
Marcela	Pésame, señor Don Diego,
	que haya a tan mal tiempo sido,
	que un enojo no me dé
	licencia de recibiros
	con el agrado que debo. 875

Don Diego	También es fuerza sentirlo
	yo, no tanto por la falta
	de esa merced a que aspiro,
	cuanto porque vos estéis
	disgustada. Pues ¿qué ha sido? 880
Leonor (Aparte.)	¡Cielos, doleos de mí,
	que en tanto empeño me miro!
Marcela	Esta señora tapada
	a mi casa se ha venido
	a decirme mil pesares, 885
	trayendo un retrato mío
	para blasón de sus celos.
	No me embarazo en decirlo,
	porque no os debo hasta ahora
	ningún respeto. Hela dicho 890
	que me deje mi retrato;
	a que ella me ha respondido
	que llamará a quien me eche
	por un balcón.
Don Diego	Aunque ha sido
	culpado siempre en un hombre 895
	el meterse inadvertido
	en disgustos de mujeres,
	no cuando con este estilo
	habla, fiada quizá
	en alguien que trae consigo 900
	a reñirla sus pendencias;
	y así, puesto que he venido
	a tan mal tiempo, partamos
	en los dos el desafío.

	Averiguad vos con ella	905
	vuestras cosas; que advertido	
	yo callaré, hasta que haya	
	con quien pueda hablar; pues se hizo	
	para damas el respeto	
	y para hombres el castigo.	910
Marcela	Pues perdonadme si os pongo	
	en empeño tan preciso,	
	que no lo puedo excusar.	
Leonor (Aparte.)	¡Quién en tal riesgo se ha visto!	
Marcela	Señora, la del balcón,	915
	o al instante descubríos,	
	porque he de saber quién sois,	
	o aquese retrato mío	
	me habéis de dar.	
Leonor (Aparte.)	¿Cómo, cielos,	
	saldré de tanto peligro?	920
	¿Doréla el retrato? ¿Cómo,	
	si no tengo otro testigo	
	de abono? Pues ¿qué he de hacer?	
	Que también, si lo resisto,	
	mi hermano ha de conocerme.	925
	¡En qué confusión me miro!	
Marcela	¿Qué discurrís? ¿Qué pensáis?	
	O el retrato, o descubriros.	
Don Diego	Yo no os digo que deis,	
	ni que os descubráis os digo;	930
	mas que si habéis de llamar	

	esa gente que habéis dicho, sea presto.	
Marcela	¿Qué esperáis?	
Leonor (Aparte.)	Aquí hay solos dos caminos: o decir quién soy o dar el retrato: esto es preciso. Pues piérdase por ahora lo que ya se está perdido; no lo que por perder resta.	935
Los dos	¿Qué elegís, pues?	
Leonor	Esto elijo.	940

(Da el retrato a Marcela y vase.)

Don Diego	¡Extraña mujer!	
Marcela	No puedo encarecer cuánto estimo aquesta merced.	
Don Diego	Ni yo el desengaño que he visto; que ha sido ventura hallarle, y hallarle tan al principio. Yo me huelgo haber llegado en ocasión que serviros pude; y aunque fue mi intento algún cuidado deciros que ya me debéis, habrá de callarle, cuando os miro	945

950 |

	tan empeñada en cobrar	
	un retrato, que ha tenido,	
	según se deja ver, dueño	955
	más venturoso que fino.	
	Quedad con Dios, y mirad	
	si es que en otra cosa os sirvo.	
Marcela	Esperad.	
Don Diego	Perdonad, que es	
	el estado en que me miro,	960
	presto para pedir celos,	
	y tarde para sentirlos.	

(Vase.)

Marcela	¿A quién en el mundo, cielos,
	esto hubiera sucedido?

(Dentro, Don Juan y Barzoque.)

Don Juan	No me detengas, Barzoque.	965
Barzoque	El seguirle es desatino.	
Don Juan	Vive el cielo, que te mate.	
Barzoque	Ya es tarde.	

[Sale Inés.]

Marcela	Inés, ¿qué ruido
	es ése?

Inés   Al tiempo, señora,
                        que Don Diego se iba, vino   970
                        Don Juan.

Marcela   ¿Qué Don Juan?

(Salen Don Juan y Barzoque.)

Don Juan   Yo soy,
                        que sabré mejor decirlo.
                        Pues ¿somos tantos Don Juanes,
                        que dudas cuál haya sido?

Marcela (Aparte.)   Si él viene pidiendo celos,   975
                        ¡a muy buen tiempo ha venido!

Don Juan   Yo, pues que llegando ahora
                        a Madrid, sin haber visto
                        mi casa, vine a la tuya
                        (¡oh mal haya amor tan fino   980
                        y tan mal pagado amor!),
                        cuando salir della miro
                        un caballero. No pude
                        verle el rostro, ni él el mío,
                        porque le cogí de espaldas.   985
                        Seguirle, pues, determino
                        para saber a qué fin
                        entra aquí, cuando conmigo
                        este borracho se abraza,
                        y no me deja seguirlo.   990
                        Volvió la calle: de suerte,
                        que ya de vista perdido,
                        lo que no pude con él
                        he de averiguar contigo.

Marcela (Aparte.)	Esto es bueno para estar
yo como estoy.	995
Barzoque	[Ídem] Esto mismo
hacen las mozas gallegas:
entrar riñendo al principio,
por que no las riñan.	
Don Juan	¿Quién,
en ausencia mía, ha tenido
licencia de visitarte?	1000
Marcela (Aparte.)	Mucho he de hacer si resisto
la cólera; pero importa.
Ese hombre no ha salido,
Don Juan, de mi cuarto; y bien
pudieras con otro estilo
desengañarte primero,
que entrar tan inadvertido
barajando el alborozo
de verte.	1005
Don Juan	¿Cuándo han tenido
los celos paciencia?	1010
Marcela	Cuando
son a tan poca luz vistos.	
Don Juan	Siempre el que ama teme. Dame
los Brazos, que aunque haya sido
la satisfacción tan tibia,
en fin, es tuya y la estimo.
¿Ahora te retiras?	1015

Marcela	Sí. Porque echo menos...
Don Juan	¿Qué? Dilo.
Marcela	...en tu pecho la venera, que con un retrato mío 1020 te di. ¿Qué es della, Don Juan?
Don Juan	Yo te diré qué se hizo, que si no fuera por ella no volviera a Madrid vivo.
Marcela	¿Cómo?
Barzoque (Aparte.)	Va de enredo
Don Juan	Estando 1025 en la jornada, hacia el sitio que ocupábamos salió de emboscada el enemigo. Avanzámonos a él, y en el encuentro, preciso 1030 fue quedar yo prisionero, que es lo mismo que cautivo. Al Príncipe de Condé me llevaron, y él previno que pues era caballero, 1035 tratase el rescate mío, haciendo trueque con otro caballero muy su amigo, que había prendido un navarro.

Marcela	Algo deso acá se dijo.	1040
Don Juan	Ahí verás tú que no miento.	

Díjele que los partidos
se tratarían mejor
volviendo hacerlos yo mismo.
Que me diese, pues, licencia,   1045
habiendo antes recibido
homenaje de volver
a la prisión; y él lo hizo,
como en prendas le dejase
banda y venera, testigos   1050
de mi nobleza, y de que
le cumpliría lo dicho.
Húbesela de dejar;
vine al tiempo que se hizo
la rota; con que no fue   1055
posible entonces cumplirlo.
De suerte, que tu retrato
le tiene en rescate mío
el Príncipe de Condé.

Marcela	Yo pensara que había sido	1060
	la Princesa, según fue	
	la soberbia con que vino	
	a traérmele. ¿Es aqueste,	
	señor Don Juan?	
Barzoque	¡Jesucristo!	
Don Juan	¿Qué es esto, Barzoque?	
Barzoque	Es	1065
	el demonio que anda listo.	

Marcela	¿Veis que sois un embustero,
	y que encubierto y fingido,
	disimulando quién sois,
	habéis a Madrid venido 1070
	a ver a una dama antes
	de ahora?
Barzoque (Aparte.)	El diablo se lo dijo.
Marcela	A esto no hay satisfacción;
	y así, de mi casa idos,
	que en mi vida no he de veros. 1075
Don Juan	Oye, escucha.
Marcela	No he de oíros,
	hasta vengarme, Don Juan,
	de vos, por los propios filos.

(Vase.)

Barzoque	Todo se sabe, señor.
Don Juan	¿Quién puede habérselo dicho? 1080
Barzoque	Tu demonio, que es, sin duda,
	chismoso, sobre lascivo.
Don Juan	¿Quién será aquella mujer
	que contó que yo había sido
	el que había vuelto encubierto, 1085
	y a Marcela se lo dijo,
	callándoselo a mi padre?

Barzoque	Yo bien sé quién será.
Don Juan	Dilo.
Barzoque	Es el diablo.
Don Juan	Que te lleve, por tan grandes desatinos. 1090

Fin de la Jornada segunda

Jornada tercera

[Sala en casa de Don Diego.]

Salen Leonor, con manto, y Juana, sin él.

Leonor	Juana, quítame este manto,
	quítame aqueste vestido
	presto.
Juana	¿Qué te ha sucedido,
	que a casa con temor tanto
	vuelves, y aún con mayor llanto 5
	que saliste?
Leonor	No lo sé.
	Solo te prevengo que
	no digas, Juana (¡ay de mí!),
	que hoy disfrazada salí
	ni un punto de aquí falté, 10
	a nadie, y más a mi hermano,
	porque me puede costar
	la vida.
Juana	En cuanto a callar,
	ya sabes tú que es en vano
	prevenirme, pues es llano 15
	que soy la primer criada
	pitagórica, enseñada,
	solo a callar; mas de modo,
	que nada en callarlo todo
	hago, porque no sé nada. 20
	Y así, si quieres saber
	cuánto secreto hay en mí,

	dame qué callar, y di:	
	¿qué es lo que ha querido ser,	
	disfrazada una mujer	25
	como tú, haber hoy salido,	
	con tan humilde vestido,	
	en una silla alquilada,	
	sin criado ni criada?	
	¿Adónde, señora, has ido	30
	desta suerte?	
Leonor	¡Ay Juana mía!	
	Tanto mi mal se acrisola,	
	que he ido a perder una sola	
	esperanza que tenía	35
	mi grave melancolía	
	para poderse aliviar.	
Juana	Bien me la puedes fiar.	
Leonor	No puedo.	
Juana	¡Extraño rigor	
	el tuyo es!	
Leonor (Aparte.)	Ya, en fin, honor,	
	no tenemos que esperar	40
	remedio en nuestro cuidado;	
	pues no solo hemos perdido	
	la ocasión, que había ofrecido	
	quizá por descuido el hado,	
	para haberos informado	45
	de un traidor; mas (¡qué rigor!)	
	perdido hemos (¡qué dolor!)	
	de una vez (¡qué tiranía!)	

	solo un testigo que había	
	de hablar en nuestro favor.	50
	Y pues que ya la desdicha	
	tan deshecha sucedió,	
	callemos, honor, tú y yo;	
	que no ser de nadie dicha	
	una desdicha, ya es dicha;	55
	y para obligarte a dar	
	el sepulcro singular	
	de mi pecho a mi dolor,	
	honor, en trances de honor,	
	no hay cosa como callar.	60
	Calle yo, y calle mi pena,	
	pues ignorada...	
Juana	Aunque ahora	
	te enojes, tengo, señora,	
	de darte una norabuena.	
Leonor	¿Norabuena a mí? ¡Qué ajena	65
	della, Juana, vivo yo!	
Juana	Don Luis...	
Leonor	Calla, y si pensó	
	tu voz con eso alegrarme,	
	el pésame puedes darme,	
	que la norabuena no,	70
	que es otro acreedor a quien	
	mi llanto ha de gradüar.	
(Sale Don Luis.)		
Don Luis	Si el mayor gusto es llegar	

uno donde quiere bien,
el mayor pesar también, 75
aunque el llegar haya sido
donde bien haya querido,
si mal allí le han tratado;
que ninguno es bien llegado
donde no es bien recibido. 80
¿Qué es esto, Leonor? ¿Qué enojos
te da mi nombre al oírle,
que salen a recibirle
las lágrimas de tus ojos?
Otros fueron los despojos 85
que mi amor imaginó
de albricias; pues siempre vio
amor ser deuda debida
el llanto de una partida,
pero de una vuelta no. 90
Desde el punto que llegué,
a verte a otra casa fui
y el breve tiempo (iay de mi!)
que en hallar ésta gasté,
el mayor término fue 95
de mi ausencia: yo estimara
no haberla hallado; durara
toda mi vida mi ausencia,
pues me mata hoy tu presencia,
y ella nunca me matara. 100
Que si llanto y Brazos vi
cuando de ti me ausenté,
y sin los Brazos halló
el llanto cuando volví,
mejor la ausencia es; y así, 105
o iguala en tan breves plazos,
Leonor, lágrimas y Brazos;

                o porque yo vivir pueda,
                con las lágrimas te queda,
                pues te quedas con los Brazos.   110

Leonor   Señor Don Luis, mis sentidos,
                si tienen hoy admirados,
                los Brazos tan recatados,
                los ojos tan atrevidos,
                de efectos tan confundidos,   115
                no tengo la culpa yo;
                que si el llanto se ofreció,
                y con los Brazos me quedo,
                es que a ellos mandarlos puedo,
                pero a las lágrimas no.   120
                Que si en pena, en dolor tanto,
                dominio en el llanto hubiera,
                lo mismo, Don Luis, hiciera
                que de los Brazos, del llanto,
                por declarar mejor cuánto   125
                oíros he sentido y veros;
                no porque en males tan fieros
                yo de quereros dejé;
                que quizá es esto porque
                nunca dejé de quereros.   130
                Enigma parecerá
                confesar que os quiero, y ver
                que el veros siento: esto es ser
                confusión mi pecho ya;
                y puesto que no se da   135
                a entender, solo quisiera
                que una fineza os debiera,
                y es a creer obligaros
                que hago por vos en no amaros
                más que en amaros hiciera.   140

	Y así, os suplico me hagáis	
	merced de que me olvidéis,	
	que en vuestra vida me habléis,	
	que jamás no me veáis.	
	Y porque no presumáis	145
	que es mudanza, sabe Dios	
	que este apartarnos los dos	
	es constancia y es firmeza,	
	y es...	
Don Luis	¿Qué?	
Leonor	La mayor fineza	
	que yo puedo hacer por vos.	150
(Vase.)		
Don Luis	Si tú, divina Leonor,	
	enigma a tu pecho llamas,	
	siendo tú quien de tu pecho	
	hoy los secretos alcanza,	
	¿qué haré yo, que los ignoro,	155
	viendo acciones tan contrarias,	
	como hacer favor la pena,	
	y fineza la mudanza?	
	Juana, ¿qué es esto?	
Juana	¡Qué diera	
	por respondértelo Juana,	160
	pues lo supiera!	
Don Luis	Tu voz	
	aun más que la suya engaña.	

Juana	Engañada me vea yo,
	si tal engaña.
Don Luis	¡Ay tirana!
	No has de poder persuadirme 165
	que otro amor desto no es causa.
Juana	Mi señor.
Don Luis	Pues disimula.
Juana	Ya digo que no está en casa.

(Sale Don Diego.)

Don Diego	¡Don Luis!
Don Luis	¡Oh amigo!
Don Diego	Los Brazos
	me dad.
Don Luis	Y en ellos el alma; 170
	que hasta veros, no creía
	que en Madrid, Don Diego, estaba.
	Y así, por cumplir mejor
	con la ley de amistad tanta,
	vine al instante a buscaros, 175
	informado en la otra casa
	de dónde os habíais mudado;
	y preguntándole a Juana
	por vos estaba.
Don Diego	Los cielos

	os guarden; que aunque me pagan	180
	esas finezas las que	
	debéis a amistad tan rara,	
	quedo obligado de nuevo.	
Juana (Aparte.)	Voy a decir a mi ama	
	cómo le halló aquí su hermano,	185
	para que ella esté avisada	
	de decir que no le ha visto.	
(Vase.)		
Don Luis	Como os dejé en la desgracia,	
	porque estabais retraído,	
	cuando yo me ausenté, el ansia	190
	de saber el fin me trajo	
	tan puntual.	
Don Diego	Ya, a Dios gracias,	
	se acabó todo, porque	
	sana la herida y firmadas	
	las paces, libre salí;	195
	solo lo que al lance falta,	
	para que esté cabal, es	
	conocer a quien con tanta	
	nobleza me socorrió;	
	que aunque diligencias varias	200
	hice, nunca quién fue supe.	
	Vos ¿cómo de la jornada	
	venís?	
Don Luis	Como quien se ha hallado	
	en la mejor, la más alta,	
	más heroica y más lucida	205

                        facción que ha tenido España.
                        Decid vos, ¿qué hay en Madrid
                        de nuevo?

Don Diego   Bien poco, o nada.

[Sale Leonor, que se queda escuchando.]

Leonor (Aparte.)   Temerosa que mi hermano
                        a Don Luis en esta sala   210
                        hallase, por si algo oyó,
                        vengo a escuchar lo que hablan.

Don Diego   Todo como lo dejasteis
                        lo hallaréis.

Don Luis   Propuesta es falsa,
                        porque nadie que se ausenta,   215
                        las cosas que deja halla
                        como las deja.

Don Diego   Por eso
                        lo digo, que es cosa clara
                        que hallar mudanza un ausente,
                        ha sido no hallar mudanza,   220
                        porque no hay cosa más firme
                        en Madrid.

(Sale Juana.)

Juana   Una tapada
                        por ti pregunta, señor.

Don Luis   No quiero estorbaros nada.

        Dadme licencia, Don Diego,   225
        y adiós os quedad.

Don Diego
                  Mañana
        yo os buscaré, y hablaremos
        despacio.

Don Luis (Aparte.)
        ¡Ay Leonor tirana!
        ¿Qué mudanza ha sido ésta?
        Mas ¿qué me admira ni espanta,   230
        si quien va a decir mujer
        ya empieza a decir mudanza?

(Vase.)

Don Diego   ¿Adónde mi hermana está?

Juana   En su cuarto retirada.

Don Diego   Pues di a esa dama que entre.   235

[Vase Juana.]

Leonor (Aparte.)
        Ver tengo quien es, que el alma
        recela, no sea resulta
        de aquella historia pasada
        del retrato.

Don Diego   ¿Quién será
        quien me busca?

(Sale Marcela)

Marcela   Una criada   240

	vuestra.	
Don Diego	Señora Marcela,	
	¡tanto favor!, ¡merced tanta!	
	¿Vos en mi casa?	
Marcela	A ella vengo	
	a hablaros una palabra	
	que os importa.	
Leonor (Aparte.)	¡Quiera el cielo	245
	no sea de mí (¡estoy turbada!),	
	si acaso me siguió y supo	
	quién era!	
Marcela	Porque obligada	
	de vos tantas veces, no	
	quiero parecer ingrata.	250
(Aparte.)	No es sino porque así espero	
	tomar de Don Juan venganza.	
Don Diego	Pues ¿qué mandáis?	
Leonor (Aparte.)	Ella viene	
	de todo (¡ay de mí!) informada.	
Marcela	Yo, señor Don Diego, os debo	255
	la vida en una desgracia,	
	y la libertad en otra,	
	deudas bien precisas ambas	
	para que al precio de alguna	
	fineza intente pagarlas:	260
	la vida, cuando del coche	
	me entrasteis en vuestra casa;	

	la libertad, cuando...	
Leonor (Aparte.)	¡Ay cielos!	
Marcela	...de vos en la mía amparada,	
	cobré aquel retrato mío	265
	de aquella encubierta dama,	
	que ha sido carta de ahorro	
	de una voluntad esclava.	
	Habiendo, pues, advertido	
	en el retrato la causa	270
	que para no visitarme	
	tenéis; y habiendo en el alma	
	sentido que la tengáis,	
	he intentado remediarla	
	con pediros por merced	275
	me veáis en ella a cuantas	
	horas del día quisiereis;	
	y por que disculpa no haya	
	en el dueño del retrato	
	para no hacerlo, en esta banda	280
	pendiente le trae, porque	
	él mejor os satisfaga	
	de que no tiene más dueño.	
	Cuerdo sois: cosas pasadas,	
	aunque disgustan, no ofenden.	285
	Quedad con Dios, que esto basta.	
Don Diego	Espera, hermosa Marcela:	
	no satisfecha te vayas,	
	persuadida a que me obligas	
	con lo mismo que me agravias.	290
	Yo confieso que agradezco	
	la acción, en cuanto a que traigas	

	el retrato por testigo	
	que para otro no le guardas;	
	pero confieso también	295
	que darle en tan rica banda	
	es dádiva, y no favor,	
	dando a entender que me pagas	
	el jornal de mis servicios,	
	acción en un noble baja.	300
	Las prendas de estimación	
	no han de venir engastadas,	
	y quien ha de pedir celos	
	no ha de recibir alhajas.	
	Y así, la banda, señora,	305
	vuelve, porque a mí me basta	
	el retrato sin el oro.	

Marcela   Yo no tengo de llevarla.

Don Diego   Yo no he de quedar con ella.

Marcela   Obligaréisme a dejarla   310
              sobre esa silla.
              [Déjala y vase.]

Don Diego   Deténte,
              espera, Marcela, aguarda.

(Vanse los dos; la banda queda sobre una silla, y sale Leonor y tómala.)

Leonor   ¡Cielos! La venera es ésta,
              testigo de mi desgracia;
              vuelva a mi poder, pues no   315
              hago delito en tornarla;
              que su hacienda cada uno,

>   dondequiera que la halla,
>   la puede quitar.

(Vase y sale Don Diego.)

Don Diego
>   No quiso
>   aguardar que la bajara;   320
>   llevarésela esta noche.
>   Pero ¿cómo de aquí falta?
>   ¿Quién la quitó desta silla?
>   ¡Hola!

(Sale Juana.)

Juana
>   Señor.

Don Diego
>   ¿Fuiste, Juana,
>   quien una banda de aquí   325
>   quitó?

Juana
>   No, ni en esta sala
>   entré.

Don Diego
>   Pues falta de aquí.

Juana
>   Aquella tapada infanta
>   se la llevaría, que a eso
>   solo vienen las tapadas   330
>   en cas de los hombres mozos.

Don Diego
>   Ésa es disculpa extremada.
>   ¡Si ella a darla vino!

Juana
>   Pues

	arrepentida de darla,	
	la quitaría ella mesma;	335
	que no se da más distancia	
	entre el dar y arrepentirse	
	de lo que da, cualquier dama.	
Don Diego	¡Vive Dios, que la has tomado!	
Juana	Yo soy mujer muy honrada,	340
	con un primo familiar,	
	y en tres años que aquí en casa	
	estoy, no se ha echado menos	
	un alfiler ni una paja.	
	Mírenme toda, señores.	345
Don Diego	Tantos extremos no hagas,	
	que todos son contra ti,	
	y ¡vive Dios!...	

[Saca la daga.]

(Sale Leonor.)

Leonor	¡Tú la daga	
	para una criada!	
Don Diego	Sí,	
	si es ladrona una criada.	350
Juana	¡Justicia del Cielo! ¡Yo	
	ladrona!	
Leonor	Pues ¿qué te falta?	

Don Diego	Una banda de oro y una
venera, que ahora estaba
sobre esta silla
Leonor	No creas 355
que la haya tomado Juana.
Don Diego	Pues ¿quién pudo ser, si ella
sola entró aquí?
Leonor	Antes pensara
que yo la pude tomar,
que ella.
Juana	El diablo lleve mi alma, 360
si yo la he visto, señora.
Leonor	No llores por eso, calla,
y éntrate allá dentro.
Juana	¡Yo
ladrona!

(Vase.)

Don Diego	Con esas alas,
tus criadas son señoras.   365
Si no entró persona en casa
(que estaba a la puerta yo),
¿quién de aquí pudo quitarla
del Brazo de aquesta silla?

[Vuelve Juana.]

Juana	Maldita y excomulgada	370
	yo muera...	
Leonor	Calla, te digo,	
	y éntrate allá dentro, Juana.	
	Una destas mujercillas	
	que a verte vienen... [Vase Juana.]	
Don Diego	Repara,	
	ya que lo has sabido, en que	375
	antes la mujer tapada	
	que aquí estuvo me la dio;	
	y no queriendo tomarla,	
	la dejó sobre esta silla.	
	Fui tras ella, y mientras, falta.	380

[Vuelve Juana.]

Juana	Pues con un sapo en la boca	
	y un canto a los pechos vaya...	
Leonor	A ti digo que te estés	
	allá adentro.	

[Vase Juana.]

Don Diego	Y no, hermana,	
	siento la banda perdida,	385
	sino un retrato que estaba	
	en la venera.	
Leonor	Pues ¿cómo	
	a ti en venera te daban	
	retrato? Nunca él se hizo	

	para ti.	
Don Diego	Es historia larga,	390
	porque yendo a visitar	
	a aquella que desmayada	
	yo saqué del coche...	
Leonor	Bien	
	me acuerdo.	
Don Diego	La hallé empeñada	
	en cobrar cierto retrato	395
	suyo, de una oculta dama	
	que había ido a darle celos.	
Leonor	¿Que hay mujeres en quien pasan	
	esas cosas?	
Don Diego	Viendo, pues,	
	que la había hecho amenaza	400
	de que gente llamaría,	
	yo me dispuse a ampararla,	
	por no ser partido. En fin,	
	dio el retrato la tapada;	
	y yo, viendo en los principios	405
	de mi amor y mi esperanza	
	el desengaño, me vine,	
	si verdad te digo, hermana,	
	despedido de servirla;	
	no puedo decir amarla.	410
	Ella, obligada a mi trato	
	o a mi término inclinada	
	(que si inclinaciones fueran	
	méritos, no lo contara),	

	me buscó; y satisfaciendo	415
	la queja, en una extremada	
	bandilla de oro el retrato	
	me trajo.	

Leonor   No ha sido tanta
                      la pérdida que te obligue   420
                      a esos extremos; que dama
                      que ayer a uno se le dio
                      y hoy te le dio a ti, mañana
                      para otro te lo pidiera;
                      y así, que hurtado le hayan
                      quizá es conveniencia tuya.   425

Don Diego   ¡Qué buenos consuelos halla
                      mi pena, cuando por él
                      diera la vida y el alma!

Leonor (Aparte.)   No fuera la vez primera
                      que tanto precio costara,   430
                      pues yo las perdí por él,
                      y por él pienso cobrarlas.
                      [Vanse.]

[Calle]

(Salen Don Juan y Barzoque.)

Barzoque   Toda la corte está llena
                      de que eres muy entendido,
                      y yo en mi vida te he oído   435
                      decir una cosa buena.

Don Juan   ¿Por qué lo dices ahora?

Barzoque	Porque acabas de decir
que a ver a Marcela has de ir.
Don Juan	¿Y eso es malo?
Barzoque	¿Quién lo ignora? 440
Porque ¿hay mayor necedad,
ni es posible, que ir a ver
enojada una mujer?
Don Juan	No hay ley en la voluntad.
¡Qué bien el Fénix de España   445
dijo: En mi pena se infiere
que el que piensa que no quiere,
el ser querido le engaña!
Todo el tiempo que viví,
Barzoque, correspondido   450
de Marcela, el ser querido
me engañó; nunca creí
que la amaba enamorado,
hasta que probé su olvido.
Barzoque	Nunca ama un favorecido 455
tanto como un despreciado.
Don Juan	No es eso, sino que quien
seguro el favor alcanza,
creyendo a su confianza
no sabe que quiere bien   460
hasta que viene a faltar,
introducido el temor
una vez, se ve el amor.
Y ¿quién me ha metido en dar

| | sofísticas agudezas?   465
| | Yo pensé que no quería
| | a Marcela, cuando vía
| | en ella tantas finezas;
| | y hoy que su retiro veo,
| | la quiero; y basta querella,   470
| | sin que ande a caza por ella
| | de razones mi deseo.

Barzoque   Y ésa es la mayor, si infiero
              que otra el amor no ha tenido,
              que «yo olvido porque olvido,   475
              y yo quiero porque quiero».
              Y así, dejada por llana,
              pues querer pudiste ayer
              y olvidar hoy, y querer
              hoy para olvidar mañana,   480
              vamos a cómo hablarás
              a mujer que te cogió
              en tal mentira.

Don Juan   Eso no
              es lo que yo siento más,
              sino pensar que mujer,   485
              que su retrato la ha dado,
              Barzoque, y que la ha contado
              el que yo la volví a ver,
              ya me tiene conocido.

Barzoque   ¿Eso dudas? ¡Bueno fuera   490
              que el diablo no conociera
              a quien tanto le ha servido!

Don Juan   ¿Hasta cuándo aquesa vana

	necedad has de creer?	
Barzoque	Hasta que la vuelva a ver,	495
	en tratable carne humana.	
Don Juan	¿Qué intento sería, en efecto,	
	dime, el de aquella mujer	
	que a Marcela hizo saber	
	de mi venida el efecto,	500
	y su retrato la dio,	
	sin que a mi padre dijera	
	nada, ni a mí verme quiera,	
	puesto que me conoció?	
Barzoque	¿Quieres pagarme, señor,	505
	todo cuanto te he servido	
	mal o bien? Pues solo pido	
	que no hables más deste amor.	
	Vamos a ver a Marcela,	
	aunque ella enojada esté,	510
	y aunque a uno y otro nos dé	
	cualquiera alhaja que duela,	
	y no hablemos más en esto;	
	que tiemblo de discurrir	
	en ello.	
Don Juan	En fin, a morir	515
	estoy, Barzoque, dispuesto,	
	antes que consienta que	
	Marcela, aunque la ofendí,	
	para vengarse de mí,	
	celos con otro me dé.	520
	Y aquel hombre que salía	
	cuando a su casa llegué,	

	me da pesar. No apuré	
	el lance, porque creía	
	la verdad de la disculpa;	525
	pero habiendo visto ya	
	que ella tan resuelta está	
	a no hablarme, de su culpa	
	me persuado; y así, juez	
	he de ser de su cuidado.	530

Barzoque   Di que estás enamorado,
              y acabemos de una vez.

Don Juan   Ya lo he dicho.

Barzoque   Ella e Inés
              ¿no son aquellas dos?

Don Juan   Sí.

Barzoque   A su casa por aquí   535
              vendrán.

[Salen Marcela e Inés con mantos]

Marcela   ¿No es don Juan?

Inés   Sí.

Don Juan   Pues.
              ¡Señora Marcela!...

Marcela   Vamos,
              Inés.

Don Juan	¡Vos fuera a estas horas!
Marcela	Sí, que las grandes señoras de noche nos visitamos. 540
Don Juan	¿De dónde venís?
Marcela	No sé
Don Juan	Pues yo saberlo he querido.
Marcela	Una visita a hacer he ido al Príncipe de Condé, y pedirle aquel retrato 545 que vos le dejasteis
Don Juan	Bien se venga vuestro desdén.
Marcela	Más merece vuestro trato.
Don Juan	No es tan malo como vos queréis que el amor le crea. 550
Marcela	Que lo sea o no lo sea, importa poco a los dos: a vos, porque una tapada, que fue quien me le dio aquí, os quiere mucho; y a mí, 555 porque no se me da nada. Ven, Inés.
Don Juan	Barzoque, ven.

Marcela	¿Dónde vais?
Barzoque	Ved lo que pasa.
Don Juan	Y ¿dónde vos?
Marcela	Yo, a mi casa.
Don Juan	Pues yo voy allá también 560
Marcela	¿A qué?
Don Juan	A que gran grosería fuera el dejaros.
Marcela	Mirad que unción de la voluntad llaman a la cortesía en sus últimos alientos. 565
Don Juan	Por eso es justo que quiera que ya que se muere, muera con todos sus sacramentos.
Marcela	No habéis de pasar de aquí.
Don Juan	Tengo de hablaros, que espero 570 desenojaros.
Marcela	No quiero desenojarme.
Don Juan	Yo sí; que, hecho un yerro, disculpalle

	es justicia y es razón.	
	Oíd mi satisfacción.	575
Marcela	Mirad que estáis en la calle, señor Don Juan.	
Don Juan	Algún día os dije yo aqueso a vos.	
Marcela	Barajóse entre los dos la suerte, y llegó la mía.	580
Barzoque	Desierta la boca y tuerta tenía un rico mercader, y un sastre acertó a tener tuerta la boca y desierta. Buscando iba bocací el sastre, y cuando llegó al mercader, preguntó: «¿Tiene usarced bocasí?» Él, presumiendo que aquello burla era, con gran rigor dijo: «Boca-así, señor, tengo, ¿qué quiere para ello?» El sastre, muy indignado, creyó que las remedaba, y en tuertas voces le daba quejas de su desenfado. En tuertas voces también el mercader se ofendía: uno y otro presumía que el defecto era desdén, hasta que gente que allí a despartirlos llegó,	585

590

595

600 |

	los dos igualmente vio	
	que tenían boca-así.	
	Si entrambos de una manera	605
	tuerto el corazón tenéis,	
	si un defecto padecéis,	
	no haya vara ni tijera,	
	sino consolaos los dos	
	uno a otro, haciendo aquí	610
	amistades ante mí,	
	y entraos a casa con Dios.	
Marcela	Yo no he de entrar en la mía,	
	si la calle no dejáis.	
Don Juan	Si en eso resuelta estáis,	615
	ya se cansó mi porfía.	
	Id con Dios, que no entraré	
	en ella en toda mi vida.	
Marcela	Yo voy muy agradecida	
	a tanto favor.	
Inés	No sé	620
	para qué le dejas ir,	
	si lo has de sentir después.	
Marcela	Aunque su rigor, Inés,	
	tanto me has visto sentir,	
	ya cesó el dolor cruel	625
	al punto que él me buscó,	
	porque a él le buscara yo,	
	si no me buscara él.	

(Vanse las dos.)

Don Juan	¿Has visto, Barzoque, igual rigor en tu vida?	
Barzoque	Sí. En Diocleciano leí otro, que debió ser tal como éste, cuando mató a un presbítero inocente...	630
Don Juan	¡Qué humor tan impertinente cuando estoy muriendo yo!	635
Barzoque	Ya ella en su casa se ha entrado.	
Don Juan	Si el día, que en sombra va muriendo, alguna luz da, dos hombres dentro han entrado.	640
Barzoque	De que doy fe.	
Don Juan	A vistos celos, callar infamia sería.	
Barzoque	Mira que no es cortesía estorbar.	
Don Juan	¡Viven los cielos, te mate!...	
Barzoque	Mira primero que son dos.	645
Don Juan	¿No somos dos	

	nosotros?
Barzoque	No, vive Dios, que yo soy humano cero.
Don Juan	Por Dios, que está ya la puerta cerrada.
Barzoque	A crer te resuelve 650 que el diablo mesmo se vuelve si la halla así.
Don Juan	Pues yo abierta la veré.
Barzoque	Pues ¿has de hacer tú lo que el diablo no hiciera?

[Éntrase Don Juan y da golpes.]

Don Diego	A quien de aquella manera 655 llama, yo he de responder.
Marcela	Salir no habéis.
Don Diego	¿Cómo no?, y más si llaman así por saber que entré yo aquí. ¿Quién llama a esta puerta?

[Salen Don Diego, Enrique y Marcela, que se queda junto a su casa.]

Don Juan	Yo, 660 que a saber vengo quién es

135

	quien tanta licencia tiene,	
	que aquí de visita viene.	
Marcela	Baja unas luces, Inés.	
Don Diego	No las bajen; que si ha sido	665
	su intento saber quién soy,	
	yo así la respuesta doy.	
Don Juan	Y es lo que yo he pretendido.	

[Sacan las espadas y riñen los cuatro.]

Marcela	¡Ay de mí, infeliz!	
Barzoque (Aparte.)	¡Qué diera	
	yo porque alguno llegara!	670
Enrique	¡Muerto soy!	
Don Diego	¡Desdicha rara!	
Alguacil 1.	(Dentro.) Llegad todos.	
Don Juan	¡Pena fiera!	

(Salen Alguaciles y un Escribano.)

Alguacil 2.	¡La Justicia!	
Barzoque	¡Huye, señor!	
Don Juan	Fuerza es, habiendo un herido	
	y la justicia venido.	675

Barzoque	A ver cuál corre mejor.
Escribano	Seguid aquél, que aquél fue, pues que corre, el delincuente.

[Vase la justicia.]

Don Diego	Yo he de alcanzarle.	
Marcela	¡Deténte, Don Diego!	
Don Diego	¡Suelta!	
Marcela	Porque habiendo un muerto o herido, a estos umbrales dejar a una mujer, es faltar a quien eres.	680
Don Diego	Atrevido te pondré en salvo, después que haya, Marcela, vengado la muerte dese criado.	685
Marcela	Contigo he de ir, que no es justo que yo quede aquí a una violencia dispuesta.	690
(Aparte.)	¡Ay Don Juan, lo que me cuesta querer vengarme de ti!	

[Vanse.]

[Sala en casa de Doña Leonor.]

(Salen Don Luis y Juana.)

Don Luis	Juana, esto has de hacer por mí.	
Juana	Sí hiciera, mas no me atrevo, que es cruel su condición.	695
Don Luis	Solamente hablarla intento, por apurar de una vez de aquel enigma el secreto. Ve presto; avísala, Juana.	
Juana	No es posible que yo a eso me atreva sin una industria.	700
Don Luis	¿Cuál ha de ser?	
Juana	Ya la pienso. Ve a dar por ahí una vuelta; que estarte en la calle quedo, podrá ser que se repare. Yo me dejaré ahora abierto este cuarto, y me estará con ella en el suyo, haciendo la deshecha. Tú podrás entrarte entonces resuelto a hablarla, y yo disculparme con que no sé nada, siendo un descuido el que me riña, y no una traición.	705 710
Don Luis	Tu ingenio	

	lo ha trazado bien. Yo voy.	715
Juana	Y yo lo tendré dispuesto.	
Don Luis (Aparte.)	Saber tengo cómo vienen juntos favor y desprecio.	

(Vase.)

Juana	Ve aquí por lo que no puede hacer una en este tiempo una obra buena. ¿No había siquiera un diamante viejo con que decir: «Toma, Juana»? Mas ya el Dante no hace versos	720

(Sale Leonor.)

Leonor	¿Con quién hablabas?	
Juana	Conmigo, señora, que también tengo yo mi don de soliloquios.	725
Leonor	Trae luces.	
Juana	Allí las dejo.	

[Entrándose por ellas y sacándolas.]

	y ya están aquí.	
Leonor	¿Qué hablabas?	

Juana	Estaba un discurso haciendo sobre quién sería el ladrón de aquella banda. ¡En mal fuego de San Antón vea la mano abrasada!	730
Leonor	Quedo, quedo, Juana, que las maldiciones para nada son remedio.	735
Alguacil (Dentro.)	Por aquí fue.	
Un Alguacil [Ídem.]	En esta vuelta se perdió.	
Leonor	¿Qué será aquello?	
Juana	Ruido en la calle, señora.	
Leonor	Abiertas las puertas veo.	740
Juana	¿Qué es esto, Juana? Un descuido	
Don Juan (Dentro.)	Pues correr más no podemos, ni resistirnos de tantos como nos siguen, y abierto está aquí, Barzoque, aquí nos entremos.	745

(Salen Don Juan y Barzoque.)

Leonor   ¿Qué es esto?

Don Juan	Un desdichado es, señora.
Barzoque	No son sino dos.
Don Juan (Aparte.)	¡Qué veo!
Barzoque	¡Jesucristo!
Leonor	Proseguid
Don Juan	No podré, porque... [Aparte.] Estoy muerto. 750
Juana	[Ídem] Si ahora se entra Don Luis, ¡buena hacienda habemos hecho!
Leonor	¿Qué ha sido?
Don Juan (Aparte.)	No tengo vida.
Leonor	Hablad.
Don Juan	[Ídem] Fáltame el aliento...
Barzoque	[Ídem a él.] Disimula tú, pues ella disimula. 755
Don Juan	[Ídem a Barzoque.] Ya lo intento. Un gran disgusto dos calles de aquí he tenido... Sospecho que queda un hombre (no sé lo que digo) herido o muerto... 760 De la justicia seguido (mortal estoy), venía huyendo

	cuando, al volver desta calle,	
	vi luz, y...	
Don Diego (Dentro.)	Entrad aquí dentro;	
	que en quedando vos en salvo,	765
	le buscaré.	
Marcela [Ídem.]	¡Muerta vengo!	
Don Juan	Éstos son los que me siguen.	
Leonor	Retiraos a este aposento;	
	que yo les diré que aquí	
	no entrasteis; que daros debo	770
	favor, ya que por sagrado	
	mi casa tomasteis.	
Don Juan	[Aparte al criado.] ¡Cielos!	
	De un peligro he dado en otro.	
Barzoque	Yo y todo.	

[Escóndense los dos, quedándose detrás de una puerta.]

[Salen Don Diego y Marcela.]

Don Diego	Hermana.	
Leonor	¿Qué es esto?	
Don Diego	Desdichas mías; que apenas	775
	hoy libre de una me veo,	
	cuando he tropezado en otra.	
	Malherido a Enrique dejo,	

	sin haber podido dar	
	muerte al agresor, que huyendo	780
	se escapó por esta misma	
	calle...	

Juana   [Aparte a Leonor.] ¿Si es el que tenemos?

Leonor   Calla, Juana, que no es bien
añadir empeño a empeño.

Barzoque   [Aparte al paño.] Hermano dijo.

Don Juan   Sin duda   785
nos descubre.

Don Diego   Y en efecto,
como es siempre obligación
de un noble en cualquier aprieto
la dama, aquí la he traído.
Tenla aquí, mientras yo vuelvo   790
así por cuidar de Enrique
como por mirar si puedo
vengarle. Marcela, ya
en salvo estás.

Marcela   Deteneos.

Leonor   No salgáis, señor.

Don Diego   Dejadme.   795

(Sale Don Luis.)

Don Luis   Deme amor atrevimiento

	para llegar. Mas ¿qué miro?
Don Diego	¿Quién va? ¿Quién es?
Don Luis	Yo, Don Diego.
Don Diego	¿Don Luis?
Don Luis	Sí.
Don Diego	¿Pues a estas horas aquí?
Don Luis (Aparte.)	Dadme industria, cielos, que me disculpe.) 800
Don Juan [Ídem.]	Don Luis aquél es.
Don Luis (Aparte.)	Buscándoos vengo, porque en la conversación se dijo ahora del juego, que habíais tenido un disgusto. 805 Decir que allá lo dijeron es disculpa sin peligro.
Don Diego	¿Ya se supo allá tan presto?
Don Luis	Sí. ¿Qué ha sido?
Don Diego	Pues habéis venido aquí a tan buen tiempo, 810 venid conmigo, que allá lo sabréis.

Don Luis	Siempre fui vuestro.

(Vanse Don Diego y Don Luis.)

Don Juan	Hasta las mentiras tienen
buena o mala estrella.	
Leonor (Aparte.)	¡Cielos!	
	¿Qué es lo que pasa por mí?	815
	Escondido un hombre tengo,	
	en quien concurren las señas	
	del hábito de su pecho	
	y el ser de Marcela amante,	
	pues por ella ha sido el riesgo:	820
	apuremos de una vez	
	al vaso todo el veneno.	
Don Juan [Al palio.]	¿Has visto, Barzoque, igual
lance en tu vida?	
Barzoque	No, cierto.	
Don Juan	En casa estoy de una dama	825
	a quien ofendida tengo,	
	enemigo de su hermano.	
	y la causa de todo esto,	
	que es Marcela, por testigo.	
Leonor	Decidme vos, ¿qué suceso	830
	ha sido éste?	
Marcela	De turbada,	
	no os he hablado en tanto tiempo.	

| | Estando ahora en mi casa
vuestro hermano, un caballero,
a quien ha días que di
la libertad de mi pecho,
llamó con celosos golpes;
que no saben llamar quedo.
Salió Don Diego a la calle,
y sucedió todo esto
que él ha contado: la causa
de tan infeliz suceso,
aunque he sido yo, no he sido
yo sola. | 835

840 |

Leonor   Pues ¿quién en ello
tuvo más parte?

Marcela   Una dama,   845
que abrase un rayo del cielo.

Leonor (Aparte.)   ¡Buena ando yo en maldiciones!)

Marcela   Que a mi casa a pedir celos
con un retrato, que yo
le di a aquel ingrato mesmo,   850
fue. Yo, ofendida, intenté
vengarme de su desprecio.

Leonor   Y él ¿quién es?

Marcela   Él es Don Juan
de Mendoza, de Don Pedro
de Mendoza hijo: ¡así fuera   855
leal como es caballero,
constante como es ilustre!

Barzoque (Aparte.)	Ya me holgara, según pienso, que fuera diablo y no dama.)	
Leonor [Ídem]	Ya, honor, todo lo sabemos, pues solo quien hijo fuera de Don Pedro, entrara dentro de aquel cuarto aquella noche. ¿Qué he de hacer? Si aquí lo tengo, podrá mi hermano venir, y no es remediar el riesgo. Si le dejo ir, no tendré ocasión, como ahora tengo, para vengarme después. Mas ¿qué es vengarme? Que en esto mi honor no pide venganza. En esto al fin me resuelvo.	860 865 870
[Alto.]	Marcela, aquí no estáis bien. Retiraos allá dentro; que si alguien viene, mejor es que yo esté sola.	 875
Marcela	Eso quise suplicaros.	
Leonor	Juana, ve con ella y ni un momento te apartes della.	
Juana	No haré.	
Marcela	Fortuna, ¿qué ha de ser esto?	880

[Vanse Marcela y Juana.]

Leonor (Aparte.)   Llevemos por bien el daño
en los principios, y luego,
si no basta, honor, muramos.)

Don Juan [Ídem.]   En gran peligro estoy puesto.

Barzoque   Pues que sola ella ha quedado,   885
sal ahora.

Don Juan   Eso resuelvo.
Salgamos de aquí una vez.

[Salen los dos.]

Barzoque   Dices bien.

Don Juan   Yo os agradezco
la vida que me habéis dado.
Quedad con Dios.

Leonor   Deteneos,   890
que aunque deseo que os vais,
también que no os vais deseo.

Barzoque (Aparte.)   Pues a mí no me detienen,
saldré a la calle, y corriendo,
iré a avisar a mi amo   895
del lance en que a Don Juan dejo.)

(Vase.)

Don Juan   Cuanto quisiereis decirme
oiré después, que no es tiempo

	ahora.	
Leonor	Sí es, por si después no hay ocasión.	
Don Juan	Decid presto.	900
Leonor	¿Sabéis quién soy?	
Don Juan	Sé que sois una deidad, a quien debo la vida en esta ocasión.	
Leonor	¿Y no me debéis más que eso?	
Don Juan	No, porque aunque en mi memoria varios discursos revuelvo, y algo quiera confesar, bien a negarlo me atrevo, pues un testigo que solo podéis tener, ya no es vuestro.	905 910
Leonor	Sí es, Don Juan que esta venera y retrato, yo le tengo.	
Don Juan (Aparte.)	¿Dónde iré yo que no halle aquesta venera, cielos?)	
Leonor	Fuera de que el cielo mesmo...	915
Don Juan	Cuanto a decir vais entiendo.	
Leonor	Pues, señor Don Juan, que os deis por entendido agradezco,	

ahorrándome la vergüenza
para haceros un acuerdo.   920
La vida vuestra y mi honor
en dos balanzas a un tiempo
puestas están. Pues yo miro
por vuestra vida en tal riesgo,
mirad por el honor mío   925
vos igualmente; advirtiendo
que soy mujer que pudiera
vengarme, y que no me vengo
por que a escándalo no pase
lo que hasta aquí fue silencio.   930
Yo no soy mujer que andar
tengo con mi honor en pleito;
yo no tengo de dar parte
a mi hermano ni a mis deudos;
que soy mujer, finalmente,   935
que moriré de un secreto,
por no vivir de una voz;
que, en fin, hablar no es remedio.
Vida y honor me debéis.
Pues dos deudas son, bien puedo   940
pedir dos satisfacciones...
Una solamente quiero:
y es que si a pagarlo todo
no os disponéis, noble y cuerdo
paguéis la parte en callarlo;   945
que una clausura, un convento
sabrá sepultarme viva,
quedándome por consuelo
solamente que cayó
mi desdicha en vuestro pecho.   950
Con esto, idos; no mi hermano
vuelva, donde solo temo

	un lance que a hablar me obligue,	
	siendo mi honor mi silencio.	
Don Juan	Vuestra cordura, señora,	955
	vuestro gran entendimiento,	
	el mayor consuelo hallaron	
	en callar; y yo os lo ofrezco,	
	porque no puedo ofrecer	
	más; que claro es que no tengo	960
	de casarme, porque pude	
	hallaros en mi aposento	
	una noche, habiendo sido	
	quizá causa del suceso	
	que a dejar os obligó	965
	vuestra casa...	
Leonor	Deteneos,	
	no digáis más; que en pensarlo	
	miente vuestro pensamiento:	
	que el honor que me debéis,	
	tan terso y claro...	

(Salen Don Diego y Don Luis.)

Don Diego	¿Qué es esto?	970
Don Juan (Aparte.)	¡Ah quién pudiera encubrirse!)	

[Embózase.]

Leonor [Ídem.]	¿Otra desdicha? ¿Otro aprieto?
Don Diego	¡Hombre embozado en mi casa!

Don Luis	¡Hombre con Leonor riñendo!	
Don Diego	¿Qué aguardo, que no le doy muerte?	975
Don Juan	No temáis; primero [Poniéndose delante de Leonor.] moriré yo, que os ofendan.	
Don Luis (Aparte.)	[A Don Diego.] A vuestro lado estoy puesto. Cumpliendo con la de amigo la obligación de los celos.	980
Don Juan	Don Luis, mirad que soy yo con quien reñís; y si vuestro valor, por venir con él, os obliga a que Don Diego (que a mí me debe la vida, si de otra ocasión me acuerdo) valgáis, primero acredor soy yo de vuestros esfuerzos, pues de algún suceso mío parte os he dado primero; y quien lo fió de vos entonces, ya os hizo empeño	985
[Desembózase.]	de que le valgáis ahora.	990
Don Diego	¡Qué es lo que miro!	
Don Luis	¡Qué veo!	
Don Juan (Aparte.)	¿Éste es quien me dio la vida?	995
Don Luis [Ídem.]	¡Don Juan es el que me ha muerto!	

                    ¿Qué he de hacer en tan extraño
                    lance de amistad y celos,
                    de amor y honor?

(Salen Marcela y Juana.)

Marcela   Nuevo ruido
                    hay, ¿qué será?

Don Diego   Caballero,   1000
                    yo confieso que me disteis
                    la vida, y que os la debo;
                    pero nadie pagar debe
                    más que recibió; con esto
                    os digo que si os hallara   1005
                    hoy en ocasión que hacerlo
                    pudiera, mi mesma vida
                    os diera; pero no es precio
                    para una vida un honor;
                    y aquéste yo no os le debo.   1010
                    En mi casa os he topado,
                    y he de saber a qué efecto
                    entráis en ella a estas horas.

Don Juan   Aunque no es ley de buen duelo
                    dar, con la espada en la mano,   1015
                    satisfacción, darla quiero;
                    que donde honor es lo más,
                    todo lo demás es menos.
                    Con quien en cas de Marcela
                    reñisteis, soy yo. De aquesto   1020
                    testigo es Marcela mesma.
                    En esta casa entré huyendo
                    de la justicia.

Don Diego	Aunque sea
eso verdad, que lo creo
porque vos lo decís, yo   1025
no me doy por satisfecho;
que entrarse a ampararse un hombre
no es entrarse a hacer extremos
que obliguen a una mujer
a decir «que es puro y terso   1030
el honor que la debéis».
Don Luis

(Aparte.) | Decís bien, y con vos vengo.
Sin matarle no cumplís.
Por matarle yo, le aliento. |
| Don Juan | ¿Es eso haberos yo dicho   1035
mi secreto? |
| Don Luis | Sí, y por eso
a Don Diego he de amparar. |

(Salen Don Pedro y Barzoque.)

Don Pedro
[A la puerta.]	¿Dónde quedó?
Barzoque	Aquí.
Don Pedro	Entra dentro.
Don Juan, a tu lado estoy.
Don Juan	Ya contigo nada temo. 1040
Marcela	¡Qué pena!

Leonor	¡Qué confusión!
Juana	¿En qué ha de parar aquesto?
Don Pedro	Caballeros, yo y mi hijo
	hemos de salir resueltos,
	si se nos pone delante 1045
	todo el mundo; aunque primero
	quisiera saber qué causa
	ha dado para un extremo
	tan grande como obligaros,
	siendo los dos caballeros, 1050
	a que ambos riñáis con él
	encerrados; porque pienso
	(según ese criado ha dicho)
	que ha sido acaso el suceso;
	y por sucesos acaso 1055
	no riñen ilustres pechos
	con uno en su misma casa,
	entre mujeres, habiendo
	campo. Dos a dos estamos.
	Hagamos cabal el duelo. 1060
Don Diego	Señor Don Pedro, que sea
	vuestro hijo ese caballero.
	Con ser vos a quien mi hermana
	y yo obligación tenemos,
	y que vos queráis hacer 1065
	desafío cuerpo a cuerpo,
	no es bastante a dejar yo
	de darle la muerte, habiendo
	sido el hallarle embozado
	en mi casa...

Don Pedro	Si él huyendo 1070
de la justicia entró aquí,
ya vos no reñís por eso,
sino por la primer causa;
y ésta más debiera, es cierto,
remitirse, cuando en vuestra 1075
casa le halléis, si es que infiero
que haberla tomado él
por sagrado, había de haceros
que al que allá fuera matarais,
le ampararais aquí dentro. 1080
Don Diego	Hay más causas: que Leonor,
mi hermana, es...
Leonor	Yo diré eso;
que aunque el silencio adoré,
ya no es deidad el silencio;
que hablar en tiempo es virtud, 1085
si es vicio el hablar sin tiempo.
Y no solo, si me oís,
vos habéis de defenderlo,
pero aun contra vuestro hijo
habéis de ser.
Don Pedro	¿Cómo puedo? 1090
Leonor	¿Os acordáis?...
Don Pedro	¿De qué?
Leonor	De una palabra...

Don Pedro	Sí, bien me acuerdo,	
	y daré muerte a Don Juan,	
	puesto al lado de Don Diego,	
	como importe a vuestro honor.	1095
Leonor	Pues estad todos atentos.	
	Aquella infelice noche	
	que hubo en mi casa un incendio,	
	y que por estar enfrente...	
Don Juan		
[Aparte, a ella.]	Tente, aguarda, que no quiero	1100
	saber más. Porque si yo	
	cobarde estuve, temiendo	
	la ocasión que allí te tuvo,	
	ya la sé, y así pretendo	
	que ninguno sepa más	1105
	que yo. Todo ese suceso,	
	ni mi padre, ni tu hermano,	
	ni ninguno ha de saberlo,	
	porque si en trances de honor	
	dice un discreto proverbio:	1110
	No hay cosa como callar,	
	de lo que hablé me arrepiento,	
	y no quiero saber más,	
	pues que no puedo hacer menos.	
	[Alto.] Ésta es mi mano, Leonor.	1115
Don Luis (Aparte.)	Supuesto que a Leonor pierdo,	
	y ya es mujer de un amigo,	
	callemos, celos; que en esto	
	No hay cosa como callar.)	

Don Diego (Aparte.)	No alcanzo nada al secreto;	1120
	mas pues está remediado	
	mi honor, que es lo que pretendo,	
	No hay cosa como callar.)	
Don Pedro	Yo he pagado lo que debo,	
	Leonor, a mi obligación.	1125
Marcela (Aparte.)	Y yo escarmentada, viendo	
	casado a Don Juan, callar	
	solo ha de ser mi consuelo.)	
Barzoque	Cada uno a su negocio	
	está solamente atento,	1130
	olvidados de un criado	
	que está herido, porque desto	
	se saque cuán malo es	
	ser criado pendenciero.	
	Y pues que yo soy criado	1135
	de paz, solamente os ruego	
	que consideréis, señores,	
	que de los yerros ajenos	
	No hay cosa como callar;	
	perdonadnos, pues, los nuestros.	1140

Libros a la carta

A la carta es un servicio especializado para
empresas,
librerías,
bibliotecas,
editoriales
y centros de enseñanza;
y permite confeccionar libros que, por su formato y concepción, sirven a los propósitos más específicos de estas instituciones.

Las empresas nos encargan ediciones personalizadas para marketing editorial o para regalos institucionales. Y los interesados solicitan, a título personal, ediciones antiguas, o no disponibles en el mercado; y las acompañan con notas y comentarios críticos.

Las ediciones tienen como apoyo un libro de estilo con todo tipo de referencias sobre los criterios de tratamiento tipográfico aplicados a nuestros libros que puede ser consultado en Linkgua-ediciones.com.

Linkgua edita por encargo diferentes versiones de una misma obra con distintos tratamientos ortotipográficos (actualizaciones de carácter divulgativo de un clásico, o versiones estrictamente fieles a la edición original de referencia).

Este servicio de ediciones a la carta le permitirá, si usted se dedica a la enseñanza, tener una forma de hacer pública su interpretación de un texto y, sobre una versión digitalizada «base», usted podrá introducir interpretaciones del texto fuente. Es un tópico que los profesores denuncien en clase los desmanes de una edición, o vayan comentando errores de interpretación de un texto y esta es una solución útil a esa necesidad del mundo académico.

Asimismo publicamos de manera sistemática, en un mismo catálogo, tesis doctorales y actas de congresos académicos, que son distribuidas a través de nuestra Web.

El servicio de «libros a la carta» funciona de dos formas.

1. Tenemos un fondo de libros digitalizados que usted puede personalizar en tiradas de al menos cinco ejemplares. Estas personalizaciones pueden ser de todo tipo: añadir notas de clase para uso de un grupo de estudiantes,

introducir logos corporativos para uso con fines de marketing empresarial, etc. etc.
2. Buscamos libros descatalogados de otras editoriales y los reeditamos en tiradas cortas a petición de un cliente.

www.ingramcontent.com/pod-product-compliance
Lightning Source LLC
LaVergne TN
LVHW041221080426
835508LV00011B/1032